AF551370

edition + **plus**

Dr. Nicole Wilhelm

Herausgeforderte Kinder

Was Kinder mit ihrem Verhalten sagen

Dr. Nicole Wilhelm

Herausgeforderte Kinder

Was Kinder mit ihrem Verhalten sagen

Copyright © by Mathias Voelchert GmbH Verlag
Verlagsredaktion: Mathias Voelchert GmbH
Korrektorat: Nuka Matthies
Umschlaggestaltung: Mathias Voelchert GmbH und Sead Mujić
Typografische Bearbeitung und Satz: Sead Mujić
Herstellung BoD – Books on Demand, Norderstedt
Printed in Germany
ISBN 978-3-947101-17-7

Wie auch als eBook mit der ISBN 978-3-947101-38-2

1. Auflage 2022

Kontakt:
mvg@mathias-voelchert.de
www.bimw.de

Inhalt

„Bevor ein Kind Schwierigkeiten macht, hat es welche.“

Alfred Adler (1870–1937)

Dieses Buch ist eine Einladung, Kindern zuzuhören – sie haben etwas Wichtiges zu sagen, auch für unser eigenes Leben.

1. Kinder in Not

Seit einigen Jahren nehme ich eine Veränderung im Zusammenleben von Kindern und Erwachsenen wahr. Einerseits gelingt es Erwachsenen zunehmend, Kindern gleichwürdig zu begegnen, was Kindern sichtlich guttut. Andererseits erlebe ich in Kitas und Schulen zunehmend gestresste Kinder. Diese beiden entgegengesetzt laufenden Entwicklungen führen nicht selten zu Verunsicherungen, und es kommt zu gegenseitigen Anschuldigungen. Eltern beschweren sich über Fachleute, Fachleute über Eltern.

Dabei ist die Qualität der Beziehungsgestaltung bei Eltern wie Fachleuten deutlich gestiegen. So ist den meisten Erwachsenen heute klar, dass die Bestrafung über Konsequenzen Kinder wie Beziehungen beschädigt, und sie suchen neue Wege, wie die Begleitung der Kinder gelingt.

Wenn es Erwachsenen immer besser gelingt, Kinder gut zu begleiten, wieso sind viele Kinder dann heute so gestresst? Mit diesem Buch möchte ich Eltern wie Fachleute einladen, sich die Lebenswirklichkeiten der Kinder heute in unserer Gesellschaft anzuschauen, um in einem freundlichen Miteinander Kinder gut in ihr Leben hinein zu begleiten, denn gemeinsam wird uns das am besten gelingen.

Eine Familie macht mit ihren beiden Kindern (drei und fünf Jahre alt) einen Ausflug ins Schwimmbad. Die Eltern haben den Eindruck, dass es trotz des schönen Ausfluges „ständiges Gemecker“ und Unzufriedenheit gibt, wegen allem wird gestritten. Insbesondere der Jüngeren kann man nichts recht machen.

Eine Mutter sagt über ihren siebenjährigen Sohn: „Schon Kleinigkeiten, die ihm nicht passen, regen ihn derart auf, dass er manchmal eine halbe Stunde lang schreit und wütet, er beschimpft mich, tritt gegen die Türe und zerstört Sachen."

Ein sechsjähriger Junge tritt seinem fünfjährigen Freund ins Gesicht. Eine Fachkraft kommt hinzugeeilt und sagt aufgebracht: „Hey, was machst du denn!" Der Junge bricht in Tränen aus und sagt: „Ich bin eben ein Arschlochkind."

Sind solche Verhaltensweisen Anzeichen dafür, dass es diesen Kindern nicht gut geht? Dafür ist es wichtig, sich in das Lebensgefühl des jeweiligen Kindes einzufühlen. Hat es das Gefühl, herzlich willkommen zu sein – oder fühlt es sich eher als Störfaktor? Ist es zufrieden mit seinem Leben – oder gerät es bereits bei kleinen Widrigkeiten aus dem Gleichgewicht? Hat es Vertrauen in seine eigenen Fähigkeiten – oder eher die Annahme „Ich kann das sowieso nicht"? Ist die Grundstimmung fröhlich, zufrieden und frei, oder wirkt das Kind eher traurig, wütend, unruhig, antriebslos oder unzufrieden?

Im Verlauf der letzten zwanzig Jahre habe ich den Eindruck gewonnen, dass zunehmend mehr Kinder mit ihrem Verhalten zu sagen scheinen: „Stopp! So geht das nicht, ich kann nicht mehr!" Wenn ich einen Tag in einer Kita oder in einer Schulklasse verbringe, erlebe ich, dass so viel los ist! Es herrscht Unruhe, viel Streit und Unzufriedenheit, und einige Kinder wirken wie abgeschaltet. Kinder scheinen zunehmend in Not zu kommen, und sie zeigen es uns mit ihrem Verhalten, das ist die Sprache der Kinder. Auch pädagogische Fachkräfte nehmen deutliche Veränderungen war. „Früher waren es ein bis zwei Kinder in einer Gruppe, die mehr Hinwendung brauchten, heute ist es fast jedes dritte Kind." Dieses Zitat stammt von einer Erzieherin mit dreißig Jahren Berufserfahrung. Die Veränderungen im Verhalten der Kinder, die viele Fachkräfte wahrnehmen, betreffen die Selbstwahrnehmung, die Selbststeuerung und infolgedessen auch das Sozialverhalten. Viele Kinder wirken gestresst, und alltägliche Anforderungen wie aufräumen, abwarten, sich anziehen, sich einfügen scheinen dann das Fass zum Überlaufen zu bringen.

Auch schulische Fachleute nehmen Veränderungen wahr. Lehrkräfte einer Grundschule hatten den Eindruck, viele Kinder mit ihrem Unterrichtsangebot nicht mehr zu erreichen. Immer mehr Kinder waren „nicht mehr bei der Sache". Die Konzentrationsfähigkeit sank ebenso wie die Fähigkeit, die „Widrigkeiten im Klassenzimmer" auszuhalten, wie etwa zu warten, bis andere ausgesprochen hatten, oder Aufgaben zu bearbeiten, welche die Kinder noch nicht beherrschten. Es gab viel Streit zwischen den Kindern. Wir überprüften das Angebot der Fachkräfte. Aus meiner Sicht war dieses interessant und der Umgang mit den Kindern wertschätzend. Deshalb war die Leitfrage: Was brauchen Kinder heute, damit sie mit Freude und Energie lernen und sich entwickeln können?

Eine wichtige Frage ist dabei, ob sich der Blick auf Kinder verändert hat oder ob tatsächlich etwas los ist. Dieser Frage gehe ich schon seit vielen Jahren nach und habe dazu viele Gespräche geführt und viele Stunden hospitiert. Sicherlich gibt es auch Erwachsene, die Gehorsam vermissen. „Tue, was ich dir sage, ohne Widerrede", davon haben sich einige Erwachsene noch immer nicht verabschiedet. Doch ich habe so viele Erwachsene erlebt, die eine gleichwürdige, klare Führung anbieten, und dennoch kommt es zu viel Unruhe und Stress. Kleine Auslöser wie etwa eine kleine Berührung, ein Wort, eine Veränderung im Plan, eine Herausforderung – und die Stimmung einiger Kindern eskaliert, und als Folge davon die Stimmung in der Kindergruppe. Ich habe mich oft gefragt, wie ein so kleines Ping zu einem so großen PONG werden kann, selbst wenn Erwachsene gute Führung anbieten.

Das Füchschen

Ein Filmteam hatte eine Kamera in einen Fuchsbau geschleust. Die Mutter schlief, doch das kleine Füchschen war unruhig und stupste seine Mutter immer wieder an, es gab einfach keine Ruhe. Plötzlich war die Mutter hellwach, packte das Füchschen im Nacken und rannte aus dem Fuchsbau. Das Filmteam war über diese Aktion verwundert, und es stellte sich heraus, dass ein paar Kilometer weiter ein Feuer loderte.

Ich habe den Eindruck, so ist es auch bei Kindern. Sie nehmen etwas in der Art wahr, wie wir heute Beziehungen und Leben gestalten, und schlagen Alarm. Jetzt ist es an uns Erwachsenen, zu schauen, was los ist, und auch ins Handeln zu kommen. Kinder sind mit einer riesigen Kooperationsbereitschaft und -fähigkeit ausgestattet, sie machen solange mit, wie es irgendwie geht. Erst wenn sie wirklich mit dem Rücken an der Wand stehen und sich gar nicht mehr bewegen können, zeigen sie ihre Not. Viele Eltern spüren diese Not bereits, nicht zuletzt bei sich selbst. Auch viele Erwachsene fühlen sich gestresst und haben zuweilen das Gefühl, es gibt in ihrem Leben zu viel Belastung.

Die Stimmung in Kitas und Schulklassen betrifft alle Kinder, ganz gleich, ob herausgefordert oder nicht, denn wir sind empathische Wesen und nehmen auch die Not unserer Mitmenschen wahr. Geht es einzelnen in der Gemeinschaft nicht gut, leiden alle darunter. Zum einen durch viel Lärm, Konflikte und Unruhe – zum anderen, weil wir Menschen uns erst entspannen, wenn es allen in einer Gemeinschaft gut geht.

Ich möchte Eltern und Fachleute einladen, zu beobachten und hinzuhören. Ist da was dran? Könnten Kinder heute in Not sein? Wenn ihr hinhört, beobachtet, ernst nehmt – euch und die Kinder – werdet ihr gute Antworten und Wege finden, denn schließlich haben wir nicht nur kompetente Kinder, wir haben auch kompetente Eltern, gleiches gilt für Fachleute.

Die Eltern eines sieben Monate alten Mädchens sind sehr übernächtigt, weil ihre Tochter in der Nacht mehrmals aufwacht und dann Schwierigkeiten hat, wieder einzuschlafen. Der Kinderarzt rät zu einem Schlaftrai-

ning, doch dieses „kontrollierte“ Schreienlassen fühlt sich für die Eltern nicht richtig an. Deshalb beschließen sie, dem Rat des Arztes nicht zu folgen und nach anderen Wegen zu suchen.

In einer Kita wurde es immer schwieriger, die Kinder in den Morgenkreis zu bekommen, denn viele Kinder waren unruhig und nicht bereit, mitzumachen. Die Fachleute ermahnten die Kinder ständig, still zu sein und sitzen zu bleiben. Schließlich erkannten sie, wie wichtig es war, die Rückmeldungen der Kinder ernst zu nehmen und schafften den Morgenkreis ab. Das gegenseitige morgendliche Begrüßen, das Austauschen von Informationen und auch Singspiele boten sie jetzt in einem anderen Rahmen an. Damit ging es allen besser.

Diese beiden Beispiele stehen stellvertretend dafür, wie gut es vielen Erwachsenen gelingt, das gemeinsame Leben in einer gleichwürdigen Weise zu gestalten. Kindern müsste es also besser gehen als je zuvor. Wieso jedoch zeigen immer mehr Kinder in unserer Gesellschaft, wie angestrengt sie sind? Was ist da los?

2. Was ist da los?

Kinder werden sozial kompetent geboren, darin sind sich Fachleute heute einig. Es ist wichtig, zu verstehen, was damit gemeint ist, wenn wir verstehen wollen, was los ist.

Was bedeutet sozial kompetent geboren?

Auf meine Aussage, Kinder würden sozial kompetent geboren, war die spontane Reaktion eines Vaters: „Echt jetzt? Mein Sohn ist schon zwei Jahre alt, der beißt und kratzt. Das ist doch nicht sozial kompetent." Sozial kompetent geboren meint nicht, dass Kinder von Anfang an alle Sozialregeln unserer Gemeinschaft kennen und beherrschen. Es geht darum, dass sie von Anfang an den Drang und auch die Fähigkeit haben, all das zu entwickeln, aus sich heraus. Wenn wir ihnen feinfühlig und empathisch begegnen und ihnen Raum und Zeit für ihre Entwicklung geben, wenn sie uns und die Welt kennen lernen können, ziehen sie ihre eigenen, rational vernünftigen Schlüsse daraus. Dadurch entwickeln sie Empathie, Gemeinschaftssinn, Selbstwirksamkeit, Kreativität, Eigenverantwortung und viele weiteren Fähigkeiten immer weiter.

Es ist ein bisschen wie bei einer Kastanie: Wenn eine reife Kastanie im Herbst vom Baum fällt, wenn sie genügend Wasser, Nährstoffe, Sonne und Raum bekommt, entwickelt sie sich natürlicherweise zu einem prächtigen Baum. Man muss sie dazu weder motivieren, noch anleiten. So ist es auch bei Kindern: Bekommen sie alles, was sie für ihre Entwicklung brauchen, sind sie aus sich heraus in der Lage, ihr volles menschliches Potenzial zu entfalten, um ihr Leben für sich und andere gut zu gestalten.

Zu den angeborenen Kompetenzen, die Kinder mit auf diese Welt bringen, gehört, dass sie von Geburt an Beziehungen aktiv mitgestalten wollen und können. Wenn wir ein Baby auf dem Arm haben und freundlich mit ihm sprechen, reagiert es auf uns und fängt vielleicht an zu lächeln. Wir lächeln dann auch, und so geht die Unterhaltung hin und her. Anders sähe es aus, wenn wir in dieser Situation angespannt oder ängstlich wären, dann würde das Baby anders reagieren. Das heißt, es reagiert auf unsere Signale sinnvoll und gestaltet diese Beziehung aktiv mit. Dabei nehmen bereits Babys sehr genau wahr, wie das Beziehungsgeflecht um sie herum gewebt ist.

Der Arm der Großmutter

Ein neun Monate altes Mädchen fängt an zu schreien, sobald sie auf den Arm der Großmutter soll. Ein Blick in das Gesicht ihrer Mutter genügt dem Mädchen, um festzustellen, dass zwischen beiden Frauen unausgesprochene Konflikte stehen. Deshalb bleibt das Mädchen lieber auf dem sicheren Arm seiner Mutter.

Kinder nehmen die Stimmungen der Erwachsenen sehr genau war und reagieren darauf sinnvoll. Dabei achten sie nicht so sehr auf das, was wir sagen, („Du kannst sie gerne auch mal halten."), sondern auf die vielen unausgesprochenen, uns selbst zum Großteil unbewussten Aussagen. Diese nonverbalen Aussagen machen Kinder sichtbar, indem sie darauf reagieren. Sie verhalten sich sinnvoll, auch wenn wir den Sinn auf den ersten Blick nicht immer verstehen.

Der Comic

Jeden Morgen gibt es Tränen im Kindergarten, wenn eine Mutter ihren dreijährigen Sohn dort abgeben will. Sie wundert sich darüber, denn sie selbst findet den Umgang der Fachleute mit Kindern und Eltern wertschätzend und die Spielmöglichkeiten interessant. Eines Tages fällt ihr Blick auf einen Comic an der Pinnwand. Dort sind zwei Kinder zu sehen, sie spielen im Sandkasten. Die Mutter des einen Kindes geht weinend davon. Daraufhin sagt dieses Kind zu dem anderen: „Macht deine Mutter auch immer so ein Theater, wenn sie dich bringt?" Und plötzlich versteht die Mutter ihren eigenen Anteil an den morgendlichen Tränen ihres Sohnes, denn ihr selbst ist traurig zumute, weil sie ihren Sohn vermissen wird.

Kinder sind ebenso in der Lage, von Geburt an persönliche Verantwortung zu übernehmen, zum Beispiel für ihren Appetit oder ihr Schlafbedürfnis. Sie zeigen uns sehr genau, was sie brauchen.

Unterm Tisch

Ein dreijähriges Mädchen weigert sich, mit den Eltern gemeinsam am Tisch zu essen. Sie belädt ihren Teller und verschwindet damit unter den Tisch. Die Eltern machen sich Gedanken darüber, was das zu bedeuten hat. Vielleicht mag es die Tochter nicht, derart im elterlichen Fokus zu stehen und mit Fragen gelöchert zu werden: Wie war's im Kindergarten? Was hast du da gemacht? Was gab es zu essen? War Lisa heute auch da? Deshalb beschließen die Eltern, über sich und ihren Alltag zu erzählen und nicht länger die Tochter auszufragen. Schon beim nächsten Abendessen sitzt die Tochter mit am Tisch.

Dieses Mädchen hat eine für sie unangenehme Situation gelöst, indem sie sich unter den Tisch gesetzt hat. Damit hat sie gut für ihre eigenen Grenzen gesorgt, und das, wie ich finde, in einer sehr freundlichen Art und Weise.

Mithilfe all dieser angeborenen Kompetenzen gelingt es Kindern, ihre Individualität ebenso wie ihren Gemeinschaftssinn immer weiter aus sich selbst heraus zu entwickeln.

Individualität

Zwillinge, fünfzehn Monate alt, auf dem Spielplatz: Während der eine Junge hoch konzentriert die Konsistenz von Sandklumpen erforscht und sie mit seinem Pinzettengriff zerbröselt, vielleicht erstaunt darüber, wie die eine Konsistenz in die andere übergeht, erforscht sein Bruder die gesamte Umgebung. Schnell hat er einen Weg gefunden, um die Spielplatzbegrenzung zu überwinden. Die Mutter stellt beeindruckt fest, welche unterschiedlichen Interessen und Vorgehensweisen die beiden Brüder haben.

Die eigenen Fähigkeiten stetig zu erweitern, ist ein den Kindern innewohnender Drang. Man muss ein Baby weder motivieren noch dazu anleiten, laufen zu lernen, und so ist es auch bei Qualitäten, die wir in einer Gemeinschaft brauchen. Auch diese entwickeln Kinder aus sich heraus und versuchen dabei, ihre individuellen Qualitäten so einzubringen, dass es für die Gemeinschaft sinnvoll und hilfreich ist. Jeder Mensch, egal wie alt, möchte etwas Sinnvolles zur Gemeinschaft beitragen und sich wertvoll fühlen, niemand möchte eine Belastung sein. Das ist ein wesentlicher Teil unseres menschlichen Kerns.

Kinder geben dabei alles, um für ihre Eltern wertvoll zu sein. Hape Kerkerling schreibt in seiner Autobiografie „Der Junge muss an die frische Luft", er habe gelernt, ein Entertainer zu sein, weil er seiner Mutter, die unter Depressionen litt, ein Lächeln ins Gesicht zaubern wollte. Er wollte für sie wertvoll sein.

Kinder kommen auf die Welt und wollen mitmachen, wollen ihren Platz in der Gemeinschaft finden und versuchen von Anfang an, herauszufinden: Wie geht das hier? Was kann ich dazu beitragen? Dabei hat das Wohlergehen der Erwachsenen für sie oberste Priorität. Erst dann kümmern sie sich um ihre eigene Integrität.

Kopf ab

Ein vierjähriger Junge soll den Nachmittag bei der Freundin der Mutter verbringen, weil der Vater existenziell erkrankt ist und die Mutter ihn im Krankenhaus besuchen will. Bevor die Mutter geht, sagt sie zur Freundin über den Sohn: „Ich glaube, der bekommt das gar nicht richtig mit. Er redet nicht darüber und wirkt absolut unbekümmert." Kaum ist die Türe ins Schloss gefallen, geht der Junge zur Legokiste, reißt einem Männchen den Kopf ab und sagt: „Der ist jetzt tot."

Ich denke, er wollte dringend über den möglichen Tod seines Vaters reden, jedoch hat er genau gespürt, wie belastet seine Mutter ist, und hat sie geschützt. Was für eine Kooperationsleistung! Die eigene Not so zu verstecken, um das System nicht noch mehr zu belasten. Kinder geben alles, und sie machen mit, solange sie es irgendwie können.

Früher dachte man, Kinder müsse man zu sozialer Verantwortung erziehen und man müsse ihnen beibringen, etwas für die Gemeinschaft zu tun. Heute jedoch weiß man, Kinder entwickeln aus sich heraus einen großen Gemeinschaftssinn und Fürsorge für andere.

Bereit zu helfen

Eltern eines sechsjährigen Jungen fragen die Fachkraft ihrer Kita um Rat, weil ihr Sohn so gerne ukrainische Geflüchtete aufnehmen würde. Er hätte genug Platz in seinem Bett, und er würde ihnen auch gerne sein Spielzeug schenken. Wie können sie ihm, so die Frage, klarmachen, dass das nicht so einfach möglich ist? Die Fachkraft war sehr berührt und beeindruckt von der Empathie dieses Jungen.

All das liegt in der kleinen Kastanie bereit – bereit sich zu entfalten, zu wachsen und zu differenzieren. Dabei genügt es, wenn Kinder uns und die Welt kennen lernen. Aus diesem Erleben ziehen sie ihre eigenen, rational sinnvollen Schlüsse.

Papas Nase

Die einjährige Hannah ist auf dem Arm ihres Vaters und beißt ihn herzhaft in die Nase. Dass er Schmerzen empfindet, kann sie wahrnehmen. Doch sie hat noch keine Vorstellung davon, selbst etwas damit zu tun zu haben.

Was passiert, wenn ich den Papa in die Nase beiße? Wie sieht er dann aus, was sagt er, und wie riecht er? Die Eindrücke, die ein Baby aus diesen Informationen erhält, verarbeitet es rational sinnvoll und lernt mit der Zeit die Grenzen des Vaters und auch sich selbst immer besser kennen. Es entwickelt ein Gleichgewicht zwischen der eigenen Lust und den Grenzen der anderen, es entwickelt aus sich heraus Empathie, Rücksicht und Selbststeuerung, ebenso wie Selbstwirksamkeit und persönliche Verantwortung. Dabei haben bereits Babys eine Voreinstellung für Moral, und ihr Kompass steht auf Miteinander.

Was Kinder für die Entfaltung dieser menschlichen Anlagen vor allem brauchen, ist Resonanz. Damit ist gemeint, dass wir uns gegenseitig wahrnehmen und uns in unseren Reaktionen aufeinander beziehen. Wenn ich zum Beispiel mit einem Kind Quatsch mache, fängt es vielleicht an zu lachen – dann mache ich weiter. Es kann aber auch sein, dass es mich genervt anschaut – dann höre ich auf. Was geschieht während unseres Kontaktes in mir, was in meinem Gegenüber? Resonanz, also das Wahrnehmen unserer eigenen inneren Prozesse und der unseres Gegenübers, ist die Grundlage der menschlichen Entwicklung.

Der Pappteller

In einer dritten Klasse wollte die Lehrerin eine „Warme Dusche" anbieten, indem sie die Kinder anleitete, Pappteller auf ihren Rücken zu kleben. Die anderen Kinder sollten dann darauf schreiben, was sie am jeweiligen Kind besonders mögen. Ein Junge lieh sich von der Lehrerin einen grünen Stift, und wenig später war große Aufregung unter den Kindern, denn jemand hatte (in grüner Schrift) auf den Pappteller geschrieben: „Ben ist ein hinterlistiges Arschloch." Die Lehrerin holte alle Kinder zusammen, und sie sprachen darüber, was gerade geschehen war, und auch darüber, wie es Ben, der in Tränen aufgelöst war, jetzt wohl ginge. Außerdem sprachen sie darüber, wie es wohl dem Kind ginge, welches diese Worte geschrieben hatte, was seine Gründe gewesen sein könnten und auch, welche Möglichkeiten es gibt, Ärger oder Wut in einer nichtverletzenden Weise zu äußern. Schließlich überlegten sie gemeinsam, was sie jetzt tun konnten, damit es Ben wieder besser ginge, und sie gestalteten für ihn einen neuen Teller.

In solchen Situationen wird Kindern meist ein moralischer Standpunkt angeboten. Es wird mit dem Kind ein Gespräch geführt, nach dem Motto: „Wie würdest du dich denn fühlen, wenn man das auf deinen Teller geschrieben hätte?" Das ist verletzend, denn die Botschaft dahinter ist: „Ich muss dir ja sagen, wie sich ein anständiger Mensch verhält, von allein würdest du nicht darauf kommen." Doch diese Lehrerin hat den Kindern ein Geschenk gemacht, indem sie ihnen vielfältige Resonanzprozesse ermöglicht hat, in denen sie sich gegenseitig spüren konnten. Was ist gerade in mir los? Was denke ich selbst darüber? Wie geht es wohl Ben? Wie geht es dem Kind, das gegen Ben vorgegangen ist? Was könnten die Motive dahinter gewesen sein, und wie wäre es anders möglich gewesen?

Wenn wir vom sozial kompetent geborenen Kind ausgehen, sind es genau diese Resonanzprozesse, die Kinder brauchen, um aus sich heraus zu lernen, in einer Gemeinschaft zurechtzukommen. Wenn das Kind, das die Worte geschrieben hat, die Reaktionen auf sein Verhalten erfährt und auch die Möglichkeit bekommt, über sich und seine Motive nachzudenken, wird es lernen, wie man sich in einer Gemeinschaft gesund erhält, ohne andere zu verletzen. Wird es dagegen kritisiert und an den Pranger gestellt, lernt es nur, sich schlecht zu fühlen, was alle anderen Lernprozesse beeinträchtigt.

Für viele Menschen ist es noch schwer, bei einem solchen Verhalten mit dem neuen Bild vom Menschen fest verbunden zu bleiben und den Kindern zu vertrauen: *„Du willst es gut machen. Du bist gerade dabei, so schnell es dir möglich ist, zu lernen, wie wir alle gut miteinander leben können.“* Gerade in schnellen, stressreichen Situationen kommt es gar nicht so selten vor, dass wir in das alte Bild kippen und dem Kind sein Verhalten vorwerfen: *„Dein Verhalten ist unmöglich!“* Und statt dem Kind in seinem Reifeprozess Begleitung anzubieten, sind wir dann im Vorwurf. Wenn wir dieses Kippen bemerken, dann können wir aussteigen und sagen: *„Aha, das ist es ja wieder, das alte Bild“*, über uns selbst schmunzeln und uns wieder dem Kind zuwenden.

Kinder lernen dabei, sich selbst und die Welt durch unsere Augen zu betrachten. So wie wir sie anschauen, werden sie sich selbst anschauen, so wie wir die Welt betrachten, werden sie die Welt betrachten. Wenn ein Baby im Kinderwagen liegt und schreit, können wir es entweder freundlich anblicken und sagen: „Ich glaube, du willst auf meinen Arm." Dann wird es allmählich lernen, dass es existiert, dass sich jemand darüber freut und bereit ist, sein Erleben mit einzubeziehen. Wenn ich genervt sage: „Du kannst jetzt nicht auf meinen Arm, ich muss den Kinderwagen schieben!", dann wird es mit der Zeit lernen, sich selbst als Belastung zu betrachten und dass es mit seiner Not allein ist. Solche Mikro-Resonanzerfahrungen speichern wir tief auf unserer Körperebene und im Gehirn ab, und sie werden zu den Bildern, die wir von uns und anderen haben.

In diesem Zusammenhang ist es wichtig, zu verstehen: Kinder können nicht unterscheiden, ob sie ein Feedback aufgrund ihres Verhaltens bekommen oder aufgrund ihrer Person, das ist für sie ein und dasselbe. Ist das Feedback wertend oder kritisierend, kommt das Kind zu dem Schluss, ein schlechter Mensch zu sein. Aus diesem Grund ist es auch nicht ausreichend, Verhalten und Person zu trennen, denn für Kinder ist das eine untrennbare Einheit. „Du bist okay, aber dein Verhalten ist nicht okay", ein solcher Ansatz schadet dem Selbstgefühl von Kindern, denn sie können das nicht unterscheiden. Wenn ich sie kritisiere, haben sie das Gefühl, verkehrt zu sein – und damit wertlos für andere. Man braucht eine gewisse Gehirnreife, um das trennen zu können. Sich durch

Kritik nicht persönlich angegriffen zu fühlen, ist ein Entwicklungsprozess, den auch viele Erwachsene noch nicht abgeschlossen haben.

Der Parkplatz

Ein Mann parkt sein Auto und steigt aus. Eine Frau, die mit ihrem Auto danebensteht, sagt zu ihm durchs offene Fenster: „Sie brauchen zwei Parkplätze. Könnten Sie noch ein Stück vorfahren, dann habe ich auch noch Platz?" „Kümmern Sie sich um ihren eigenen Scheiß", ist die Reaktion des Mannes.

Es ist auch für Erwachsene gar nicht so einfach, einer sachlichen Kritik erwachsen zu begegnen und einfach nur zu sagen: „Oh ja stimmt, ich fahre noch ein Stück vor." Auch uns Erwachsenen fällt es zuweilen schwer, unser Verhalten von unserer Person zu trennen, und dann fühlen wir uns angegriffen, ohne die Berechtigung der Kritik zu prüfen.

Kinder kooperieren mit allem, was wir ihnen anbieten, und sie nehmen es tief in sich auf. Ähnlich wie sie die angebotene Nahrung in ihrem Körper einbauen, bauen sie unsere Blicke, Worte und Handlungen in ihre Selbstsysteme ein. Diese geben uns Auskunft, wer wir sind und wie andere zu uns stehen. Kinder hören dabei auch unsere unausgesprochenen Vorwürfe und Erwartungen und versuchen, so gut wie möglich „richtig" zu sein.

Schuldig

Paul, sechs Jahre alt, spielt mit seinem vierjährigen Bruder, beide sind gefährliche Ninjas. Im Verlauf des

Spiels fängt der vierjährige Bruder an zu weinen und läuft zur Mutter, weil er das Lego-Schwert auf den Kopf gehauen bekommen hat. „Mensch Paul, doch nicht so fest. Er ist doch viel kleiner als du!" Paul zieht die Schultern hoch und den Kopf ein und sagt: „Ich bin ja sowieso immer schuld!" Dann fängt er an zu weinen.

Paul fühlt sich verkehrt, weil er verkehrt gemacht wurde, denn der eigentliche Subtext – auf den Kinder ganz besonders achten – war: „Du verhältst dich falsch." Daraus schließen Kinder, die ja entwicklungsbedingt Verhalten und Person nicht trennen können: „Ich bin falsch." Doch wie sollen wir es dann sagen, denn es ist doch falsch, seinem Bruder das Schwert auf den Kopf zu hauen, oder etwa nicht?

Die Basis einer freundlichen Rückmeldung ist mein Vertrauen in das Kind, dass es in Frieden kommt und es gut machen will, und dass es sich so schnell, wie es ihm nur möglich ist, entwickelt. Vielleicht hat er seinem Bruder das Schwert auf den Kopf gehauen, weil er seine Kraft noch nicht richtig dosieren kann. Vielleicht kannte er die Grenze seines Bruders noch nicht so genau, vielleicht war er so im Spiel, und die Pferde sind mit ihm durchgegangen, vielleicht hat er selbst vorher einen heftigen Hieb abbekommen und hat zurückgehauen, vielleicht hat der jüngere Bruder jedoch auch gelernt, dass sein älterer Bruder „Ärger bekommt", wenn er weinend zur Mutter läuft. So kann man einen großen Ninja auch besiegen. Es gibt viele mögliche Gründe, doch eines ist gewiss: Paul hat einen guten Grund für das, was er tut, so wie jeder Mensch.

Wenn ich aus diesem Vertrauen heraus den weinenden Bruder in den Arm nehme und den anderen freundlich anschaue und frage: „Wie ist es denn zu eurem Streit gekommen?“, dann ist eine gute Grundlage für Resonanz geschaffen: Beide haben die Gelegenheit, sich selbst, die eigenen Gefühle und Gedanken wahrzunehmen und sie können erfahren, wie ihr Verhalten auf den anderen gewirkt hat. Auf diese Weise lernen Kinder alles, was sie für solche Situationen brauchen: Selbstwahrnehmung, Selbststeuerung und Empathie. Mehr brauchen sie nicht – keine verletzende Kritik, Moral oder Belehrung, sondern vor allem Resonanzprozesse. Diese bringen ihren sozialen Kern zum Schwingen, sie sind das Rohmaterial der Entwicklung, die aus sich selbst heraus geschieht. Das meint sozial kompetent geboren.

Wenn wir uns selbst beobachten, wird dieser Zusammenhang klar. Wenn wir an Situationen denken, in denen wir uns destruktiv verhalten haben, vielleicht haben wir unser Kind angeschrien, grob am Arm gepackt oder geschlagen. Was hilft uns da bei unserer eigenen Entwicklung, um ein solches Verhalten zu verändern? Wie alle Menschen brauchen wir dann Resonanzprozesse, in denen wir unser Kind und uns selbst wahrnehmen können.

Das weggeworfene Essen

Ein Vater von zwei Söhnen (acht und elf Jahre alt) reagiert sehr wütend darauf, wenn es „Gemaule“ gibt. Als der Elfjährige lustlos in seinem Essen herumstochert, nimmt der Vater den Teller und kippt den Inhalt voller Wut in den Müll. „Wenn es dir nicht schmeckt, dann lass es eben! Nie kann man es dir recht machen, immer hast du was zu meckern!“ Als er am Abend mit seiner Frau darüber spricht, kommt ihm der Gedanke, dass er in dieser Situation das Gefühl hatte, nie zu genügen, und aus diesem Schmerz heraus hat er reagiert. „Ich fühle mich dann einfach als schlechter Vater, wenn die Jungs maulen.“

Weder Kritik noch Vorwürfe helfen bei unserem Lernen, sondern vor allem Resonanz. Der Beginn einer solchen Veränderung ist, sich selbst zu beobachten, wahrzunehmen, wie es zu diesem Verhalten kommt, und auch zu überlegen, wie man konkret in einer solchen Situation anders handeln will. All das braucht Erfahrung und Entwicklungszeit.

Ich persönlich habe einige Situationen auf meiner Liste, in denen ich mir wünschte, anders reagiert zu haben. Und ich würde viel dafür geben, wenn ich eine zweite Chance bekäme, diese Situationen anders zu gestalten. „Ach hätte ich doch (nicht) ...“ Doch wir wussten oder konnten es nicht besser. Hinterher haben wir dieses Wissen und glauben, es auch vorher schon gehabt zu haben, doch das ist nicht wahr. Denn wenn wir es gehabt hätten, hätten wir anders reagiert. Und wenn wir diesen Gedanken auf alle Menschen ausweiten, verstehen wir, dass man sich in einer Situation nur so verhalten kann, wie man sich eben verhält, besser geht es nicht. Wir wollen es gut machen, und wenn es uns nicht gelingt, dann aus Unwissenheit oder Unvermögen heraus, bei Kindern ebenso wie bei Erwachsenen. Was uns dann hilft, ist freundliche Resonanz mit uns und anderen.

Sozial kompetent geboren bedeutet: In einem neugeborenen Kind ist schon alles angelegt, was es für seine Entwicklung braucht, um im Leben gut mit sich und anderen zurecht zu kommen, vorausgesetzt es bekommt alles, was es für seine Entwicklung benötigt. Resonanzprozesse, in denen Kinder sich selbst und andere wahrnehmen können, spielen dabei eine essentielle Rolle.

Verhalten als Botschaft verstehen

Wenn wir davon ausgehen, dass Kinder sozial kompetent geboren werden, folgt daraus, dass Verhalten herausgeforderter Kinder immer ein Signal dafür ist, dass sie nicht bekommen, was sie brauchen. Ähnlich wie bei einer Kastanie: Wenn sie braune Blätter bekommt, fehlt ihr etwas. Wohl niemand käme auf die Idee, eine Kastanie darüber zu belehren, wie gesunde, grüne Blätter aussehen. Doch bei Kindern versuchen wir das immer wieder:

Ein fünfjähriger Junge sitzt in der Bauecke und bewirft andere Kinder mit Bausteinen. Als die Fachkraft ihn daran hindern will, spuckt er sie an. „Hey, das ist eklig, hör auf damit!“

Sein Verhalten ist eine – wenn auch unklare – Botschaft. Ganz häufig höre ich in solchen Situationen: „Ja, aber er darf ja trotzdem nicht spucken oder andere bewerfen.“ Stimmt, es wäre besser, er könnte schon differenziert wahrnehmen, was in ihm los ist, und mit Worten ausdrücken, wie es ihm geht, und formulieren, was er braucht. Weil er jedoch fünf Jahre alt ist, kann er das noch nicht, denn Kinder in diesem Alter können nicht in einem intellektuellen abstrakten Prozess über all diese Dinge nachdenken und sie verbal zum Ausdruck bringen. Sie zeigen es mit ihrem Verhalten, und sie brauchen Menschen, die gewillt sind, sich darauf einzulassen.

Ich denke, es wäre eine gute Idee, ihm erst einmal Kontakt anzubieten und je nach dem, was ich in seinem Körperausdruck lese, zu sagen: „Für mich sieht es so aus, als wärst du sehr wütend“, oder: „Kann es sein, dass du jemandem zum Spielen brauchst?“, oder vielleicht habe ich auch den Eindruck, dass er etwas verloren in der Bauecke sitzt und jemanden braucht, der bei ihm ist. Dann könnte ich sagen: „Darf ich mich etwas zu dir setzen?“

Manchmal taucht bei uns Erwachsenen der Gedanke auf, das Kind ja dann für sein Handeln zu belohnen. Es spuckt uns an, und dann setzen wir uns auch noch zu ihm? Ja, das alte Bild vom Menschen taucht eben immer wieder auf, denn darin waren wir selbst in unserer eigenen Entwicklung eingebettet, und in diesem alten Bild vom Menschen fehlt das Vertrauen in unser Menschsein. Dieser fünfjährige Junge will nicht gegen uns kämpfen, sondern er will einfach dazugehören und sich wertvoll fühlen. Er hat gerade eine Not, die er so gut wie möglich versucht auszudrücken. Besser geht es noch nicht, er ist fünf Jahre alt. Deshalb ist es wichtig, Verhalten als Botschaft zu verstehen und Kindern zu helfen, auszudrücken, was sie zu sagen haben, auch wenn es verführerisch ist, lediglich auf eine Verhaltensänderung zu pochen, im Sinne von „Hör auf damit!“, denn dann signalisiere ich dem Kind, dass mich seine Botschaft nicht interessiert. Und wieso sollte das Kind sich für meine Botschaft interessieren, wenn ich mich nicht für seine interessiere?

Aus meiner Sicht ist es sinnvoll, Kinder zu stoppen, wenn sie uns treten oder anspucken. Auch das ist Resonanz, nämlich mit uns und unseren Grenzen. Die eigenen Grenzen und Gefühle deutlich zu machen und sich gleichzeitig auch für die Welt des Kindes zu interessieren, ist aus meiner Sicht ein guter Weg. „Stopp, ich will nicht angespuckt werden. Ich habe den Eindruck, du hast dich geärgert. Kann das sein?“ So könnte Abgrenzung bei gleichzeitigem Interesse klingen. Sich selbst „lesen“ und verstehen zu können, ist ein sehr langer Prozess, den auch wir Erwachsenen noch nicht abgeschlossen haben.

Kontrollfreak

Zwei Freundinnen unterhalten sich, eine beklagt sich über ihren Mann: „Der kann so blöd sein! Gestern hat er mich als ‚Kontrollfreak‘ beschimpft, nur weil ich gefragt habe, was wir am Wochenende machen wollen. Ich rede jetzt nicht mehr mit ihm, bis er sich entschuldigt hat.“

Sicherlich hat sie schon gelernt, ihn nicht mehr anzuspucken oder zu beißen, doch auch sie geht gegen ihn vor – und Ignoranz ist ein sehr heftiges Beziehungsgift – als Reaktion darauf, dass ihr Mann gegen sie vorgegangen ist, indem er sie abgewertet hat. Was, wie ich finde, ebenfalls heftig ist. Aus meiner Sicht stehen viele Erwachsene in der Art und Weise, Konflikte zu bewältigen, den Kindern oft in nichts nach. Eine Alternative für das Paar wäre, über ihre Bedürfnisse und Wünsche zu reden und zu sagen, was sie brauchen, was sie sich wünschen, was sie verletzt und wo ihre Grenzen liegen, und miteinander zu schauen, wie sie ihr gemeinsames Leben gestalten wollen.

Ich schreibe das nicht, um uns Große an den Pranger zu stellen, sondern um zu zeigen, dass es gar nicht so einfach ist, sich selbst und andere wahrzunehmen und sinnvolle Handlungen daraus abzuleiten. Wir alle kennen Situationen, mit denen wir nicht auf YouTube auftauchen wollen. Wenn wir wütend oder frustriert sind, sind auch wir nicht immer goldig, Kinder eben auch nicht. Wir alle befinden uns dabei in einem lebenslangen Lernprozess, und perfekt werden wir niemals werden, was ich persönlich ja recht sympathisch finde, und auch entspannend. So ist Menschsein eben auch, das gehört dazu.

Wenn Kinder mit ihrem Verhalten eine Botschaft senden, und dieses anfangs leise Signal nicht gehört oder verstanden wird, drehen Kinder den Lautstärkeregler immer weiter auf, bis das Verhalten keinesfalls mehr überhört werden kann, und einige Kinder verstummen, dann wird es richtig ernst. Nicht selten verlagert sich die Botschaft dann auf den Körper, und Kinder beginnen, mit ihrem Körper zu sprechen, in dem sie etwa Kopf- oder Bauchschmerzen entwickeln.

Das Verhalten herausgeforderter Kinder ist eine kompetente Rückmeldung auf das Angebot der Erwachsenen, und somit muss die Anpassungsleistung von den Erwachsenen erbracht werden, nicht vom Kind. Ein fünfjähriges Kind, das Bauklötze wirft oder spuckt, verhält sich nicht falsch, es verhält sich sinnvoll. Es versucht, so gut es ihm möglich ist, auszudrücken, wie es ihm geht, und wir Erwachsenen sind in der Verantwortung, zuzuhören und auch etwas zu verändern.

Dieser Zusammenhang ist uns völlig klar, wenn ein Baby schreit, weil es Hunger hat. Es kann sein Hungergefühl nur auf diese Weise ausdrücken, und wir sind für die Ernährung verantwortlich. Ebenso verhält es sich, wenn Kinder mit ihrem Verhalten zeigen, dass sie eine emotionale Not haben. Auch dann sind Erwachsene dafür verantwortlich, etwas an diesem Mangel oder an diesem Schmerz zu verändern.

Um diesen Zusammenhang zu verdeutlichen, nenne ich diese Kinder „herausgeforderte Kinder“. Sie sind in ihrem Leben herausgefordert, sie vermissen etwas für ihre Entwicklung dringend Benötigtes, oder sie erleben einen Schmerz, den sie kaum tragen können.

Genau genommen müsste man diesen Begriff ergänzen, denn herausgeforderte Kinder sind ja Kinder, die, wenn ich mit ihnen zusammen bin, ein aus meiner Sicht herausgefordertes Verhalten zeigen. Damit würde deutlich, dass dies nur meine Wahrnehmung ist, keine allgemeingültige Wahrheit, und es zeigt meinen Anteil an dieser Subjekt-Subjekt-Beziehung. Weil das ein bisschen lang ist, rede ich von „herausgeforderten Kindern“, auch wenn das genau genommen Definitionsmacht ist. Wie wir etwas sagen, wirkt sich massiv auf unser Denken aus. Es ist ein großer Unterschied zu sagen: „Hannah ist zurückhaltend“, oder eine Formulierung zu wählen, die meine Wahrnehmung und meinen Anteil an der Beziehung anerkennt: „Wenn ich mit Hannah zusammen bin, erlebe ich sie als zurückhaltend.“

Demonstrant:innen

Ich hörte, wie zwei Männer sich unterhielten, dabei fiel das Wort Demonstrant:innen. Ich gesellte mich zu ihnen und meinte, bei diesem Wort fielen die Männer weg, denn es gäbe keine Demonstrant, genauso wenig wie Ärzt. Einer meinte: „Na, ich würde mal sagen, Pech gehabt, ausgleichende Gerechtigkeit.“ „Sprache etabliert sich schnell. Was, wenn wir in ein paar Jahrzehnten das umgekehrte Problem haben? Wie wäre es mit ‚Demonstrierende‘?“ Der andere Mann sagte, er fände ‚Demonstrantis‘ am besten, schließlich gäbe es ja auch Azubis und Studis ... Warum also nicht auch ‚Demonstrantis‘? Ich sagte zu ihm, dieses Wort würde mir am besten gefallen, es klinge irgendwie nett und es würde alle Menschen mit einbeziehen.

Aus meiner Sicht ist es eine gute Idee, hier weiter am Ball zu bleiben, um unsere Sprache immer weiter zu entwickeln, so dass alle Menschen sich einbezogen fühlen. Denn so wie unser Denken sich auf unsere Sprache auswirkt, wirkt sich unsere Sprache auch auf unser Denken aus. Fragt man Mädchen, ob sie Pilot werden wollen, gibt es weniger Interesse an diesem Beruf, als wenn man sie fragt, ob sie Pilotin werden wollen. Wer weiß, vielleicht wäre ich Physikerin geworden, wenn dieses Wort damals schon verwendet worden wäre …

Im Rahmen einer Schulleitungsdienstversammlung habe ich einen Vortrag gehalten: „Herausgeforderte Kinder professionell begleiten“. Bevor es losging, sagte ein Schulleiter zu seiner Kollegin: „Das ist ein Schreibfehler, das muss *herausfordernde Kinder* heißen“, und damit hatte ich einen guten Anfang. „Das ist kein Schreibfehler, das ist beabsichtigt. Dieser Unterschied verändert unseren gesamten Blick auf den Menschen.“ Da waren alle wach, und ich konnte anfangen.

Lange Zeit nannte man Kinder, die den Rahmen und die Regeln nicht einhielten, herausfordernde Kinder, also wenn ein Siebenjähriger anderen wiederholt wehtat, war das ein herausforderndes Kind, die Erwachsenen fühlten sich durch das Verhalten des Kindes herausgefordert.

Sich herausgefordert zu fühlen, ist an sich ja kein Problem. Ich fühle mich auch immer mal wieder herausgefordert von verschiedensten Verhaltensweisen, nicht selten durch meine eigenen. So funktioniert Lernen. Ich begegne einer Herausforderung und lerne was Neues, um sie zu meistern. Was können wir tun, wenn ein Kind andere schlägt, die Zusammenarbeit verweigert oder die Aktivitäten anderer stört? Was tue ich im akuten Moment? Wie werde ich dem herausgeforderten Kind, allen anderen Kindern und zusätzlich auch noch mir selbst gerecht? Ich gehe davon aus, das wird nicht immer möglich sein. Dieser Anspruch ist aus meiner Sicht nicht zu halten und führt oft zu viel Stress.

In meiner Zusammenarbeit mit Kindern kommt es immer wieder auch zu Situationen, in denen es chaotisch und laut ist, in denen es keine gute Arbeitsatmosphäre gibt. Das ist normal und lässt sich nicht immer verhindern, denn nicht alle sind immer in einem ausgeglichenen Zustand. Das einzig für mich wirklich Wichtige ist: In meinem Raum wird niemand verkehrt gemacht. Das bedeutet, niemandem wird sein Verhalten vorgeworfen, in der Erwartung: „Verhalte dich gefälligst anders." Die Grundlage dafür ist die Anerkennung, dass hier jeder gerade sein Bestes tut, auch wenn das nicht das bestmögliche Ergebnis ist.

Der Zaubertrick

Ich habe mit Kindern der Eingangsstufe gemeinsam gezaubert. Mit unserem Zauberspruch „Ene mene ratze, Luftballon zerplatze", haben wir Luftballons ganz zart angetippt und diese sind mit einem großen Peng zerplatzt. (Vielleicht war nicht nur Magie im Spiel, vielleicht haben die zerriebenen Mandarinenschalen in der Hosentasche, in die wir unsere Finger getaucht haben, auch etwas dazu beigetragen.) Jedenfalls waren die Kinder nach diesem lustigen und bunten Treiben sehr wild und ausgelassen, und überall lagen zerplatzte Luftballons herum. Es war recht chaotisch, und es ist mir nicht gelungen, die Kinder in eine ruhige Aufräum-Atmosphäre zu bringen.

Ja, manchmal ist es so, macht nichts. Schließlich haben alle überlebt, und wir hatten Spaß. Das Wichtigste ist, niemand wurde verkehrt gemacht: Weder die Kinder, die nicht aufräumten, noch ich, die die Kinder nicht zum Aufräumen animieren konnte. Es fielen also keine Sprüche wie: *„Wenn ihr jetzt nicht aufräumt, dann können wir so etwas nicht mehr machen“*, oder: *„Das finde ich jetzt nicht schön von euch, ich habe mit euch gezaubert, und jetzt könnt ihr einfach mal mit aufräumen“*, oder: *„Ich bin so unfähig. Ich schaffe es noch nicht einmal ...“* Ich habe in das Tohuwabohu hineingerufen: *„Wer hat Lust, mit mir aufzuräumen?“* Es fanden sich drei Kinder, die mitmachen wollten, und den Rest habe ich in die Pause geschickt. Aber ist es nicht ungerecht, wenn nur diese drei Kinder aufräumen? Keine Ahnung, jedenfalls waren alle Beteiligten mit dieser Lösung zufrieden, und die Lehrerin konnte nach der Pause ihren Klassenraum wieder aufgeräumt nutzen. Ende gut, alles gut.

Der Unterschied in den beiden Formulierungen „herausfordernde“ und „herausgeforderte“ Kinder liegt darin, von wem die Anpassungsleistung erwartet wird. Früher (und zum Teil noch heute) versuchten Erwachsene, diese Anpassungsleistung durch Belohnungen und Bestrafungen (Smileys, Verstärkerpläne und Konsequenzen) von den Kindern zu bekommen. Ziel war es, Kinder dazu zu bringen, sich sozial verträglich zu verhalten. Basis für dieses Vorgehen war die Sollens-Beschreibung im alten Bild vom Menschen. Darin war definiert, wie Kinder sein sollen (nett und gehorsam) und wie wir sie mit Belohnung und Bestrafung dahin bringen, so zu sein, wie wir sie haben wollen. Gehorsam war das Ziel: „Mach, was ich dir sage." Das war nicht nur anstrengend, sondern auch frustrierend, für alle Beteiligten. Denn nur selten führte es zu den gewünschten Erfolgen, und darüber hinaus ist ein solches Vorgehen natürlich auch verletzend für das Kind. Nicht zuletzt, weil man eine Intention nicht beweisen kann. Wie soll man beweisen, dass man sehr gerne mitmachen will und kein „Störer" sein will? Bringen Erwachsene dem Kind dieses Vertrauen nicht entgegen, kann es seine gute Absicht niemals beweisen.

Sicherlich ist es eine gute Idee, Kinder dabei zu begleiten, ein sozial verträgliches Verhalten zu entwickeln. Die Kernfrage dabei ist: Wie entwickeln Kinder ein solches Verhalten, bei dem sie ihre eigenen Grenzen und die anderer wahren? Bei diesem Lernprozess stehen im neuen Bild vom Menschen, das eine Seins-Beschreibung ist, Fragen im Mittelpunkt wie: Was bringen Kinder mit auf diese Welt? Was brauchen sie von uns Erwachsenen, damit sie sich gut entwickeln können? Geht es einem Kind nicht gut oder kann es sich nicht gut entwickeln, dann braucht es ein anderes Angebot von den Erwachsenen.

Das Lächeln

Eine Familie kommt in die Beratung und schildert, dass ihr dreizehnjähriger Sohn sich weder um Hausaufgaben noch ums rechtzeitige Aufstehen oder seine Körperhygiene kümmert. Kurz: Er übernimmt keine persönliche Verantwortung für seine Belange. Als die Eltern von der Beraterin hören, dass Maximilian einen guten Job gemacht hat, indem er mit seinem Verhalten darauf aufmerksam gemacht hat, dass ihm etwas fehlt, fragt der Vater: „Hab ich das richtig verstanden: der Maxi ist da jetzt schon draußen oder was? Der muss nichts mehr machen?" „Ja, er hat seinen Job prima erledigt, er hat es geschafft, dass alle hier sind. Jetzt sind wir Erwachsenen dran zu verstehen, was los ist, und auch was zu verändern." „Aber der muss doch auch sein Verhalten ändern, zum Beispiel in der Schule." „Ich bin davon überzeugt, dass er für seine Belange die Verantwortung übernehmen wird, wenn wir uns darum gekümmert haben, was ihm fehlt, um gut mitmachen zu können." „Also wenn wir was verändern, dann verändert er auch was?" „Ja, genau so ist es." Der Vater schaut seinen Sohn an und lächelt, Maxi lächelt zurück. „Guck, es fängt schon an."

Viele Erwachsene sind versucht, den Dreizehnjährigen über Bestrafungen dazu zu bringen, sein Verhalten zu verändern. Gekürzte Medienzeit etwa soll ihn dazu bringen, Hausaufgaben zu machen, aufzuräumen, pünktlich aufzustehen ... Damit sagen wir übersetzt: „Was du zu sagen hast, ist mir egal. Mach einfach, was ich dir sage, dann haben wir keine Probleme." Doch damit nehmen wir ihn nicht ernst und lassen ihn mit seiner Herausforderung allein.

Persönliche Verantwortung zu übernehmen, ist eine angeborene Kompetenz. Fehlt diese Eigenverantwortung, wie in diesem Beispiel, ist sie irgendwo auf dem Entwicklungsweg des Kindes blockiert worden. In dieser Familie war es so, dass die Mutter zum Ausdruck ihrer Liebe von Anfang an alles für ihren Sohn getan hat, und mit diesem Angebot hat er kooperiert. Er hat die „Liebessprache" seiner Mutter akzeptiert, und dafür sogar seinen natürlichen Drang unterdrückt, die Dinge selbst in die Hand zu nehmen. Um hier etwas zu verändern, braucht es die Anpassungsleistung der Erwachsenen. Wenn sie ihr Verhalten verändern, verändert sich etwas. So könnte die Mutter im ersten Schritt sagen: „Ich liebe dich von Herzen, aus diesem Grund habe ich versucht, dir dein Leben so schön wie möglich zu gestalten. Dabei habe ich es etwas übertrieben und dir so nicht die Möglichkeit gegeben, selbst für deine Belange zu sorgen. Das tut mir leid." Und der Vater könnte vielleicht hinzufügen: „Ich lebe nach dem Prinzip ‚Happy wife, happy life', deshalb habe ich nichts dazu gesagt. Im Nachhinein betrachtet sehe ich, dass auf diese Weise meine Perspektive gefehlt hat. Das bedauere ich sehr."

Eine Lehrerin meinte dazu, es würde sich eben oft so anfühlen, als *wollten* diese Kinder nicht mitmachen. Ja, das alte Bild vom Menschen sitzt in uns allen sehr tief, und so kommt es vor, dass wir zuweilen in dieses alte Bild kippen, gerade auch, wenn Kinder älter sind. „Das müsste er/sie doch so langsam mal kapieren/können." Doch was man nicht kann, kann man eben nicht. Da hilft nur Begleitung, Vorwurf hilft nicht.

Wenn wir das Verhalten von Kindern als Botschaft verstehen, stellt sich die Frage, wie wir diese Botschaften entschlüsseln können. Welche Botschaften könnten das denn sein? Denn es gibt ja kein direktes „Ursache-Wirkungs-Prinzip", weil wir es mit multidimensionalen, meist unbewussten Prozessen zu tun haben. Deshalb hier ein paar Beispiele, um eine Idee davon zu geben, wie vielfältig und individuell solche Botschaften sind:

Spucke auf dem Teppich

Eltern kommen mit ihrem fünfjährigen Sohn in die Familienberatung. Die Eltern setzen sich, der Fünfjährige stellt sich mitten in den Raum und spuckt auf den Teppich. Die Beraterin sagt zu Jonas: „Jonas, ich will dich was fragen.“ Jonas fragt wütend und mit finsterem Blick: „Was?“ „Ich glaube, du weißt, dass ich nicht will, dass du auf meinen Teppich spuckst. Stimmt das?“ Er antwortet, auch sehr wütend: „Ja!“ „Ich habe den Eindruck, du willst nicht hier sein. Stimmt das auch?“ „Ja!“ „Hm ...“ Dann entsteht eine Pause und schließlich sagt die Mutter, sein Freund würde heute im Kindergarten Geburtstag feiern, und er könne wegen des Termins heute nicht dabei sein. Wütend sagt Jonas: „Weil du nur heute kannst!“

Es geht darum, Jonas’ Botschaft ernst zu nehmen, sein Spucken zu übersetzen und ihm Worte dafür anzubieten. Es gibt natürlich auch viele Kinder, die schon gute Worte gefunden haben, sich auszudrücken, wie sie Situationen empfinden und was sie darüber denken:

Ungerecht

Ein siebenjähriger Junge sagt zu seiner Mutter: „Weißt du, was ich richtig ungerecht von dir finde? Wenn ich meine Brüder auf den Rücken boxe, findest du das richtig blöd. Aber wenn sie gemeine Sachen zu mir sagen, findest du das nicht so schlimm. Dabei tut mir das genauso weh!“

Der Siebenjährige hat sich klar geäußert (und begriffen, was auch Neurobiologen wissen: Worte können uns Schmerzen bereiten). Manchmal bekommen Kinder dann Sätze zu hören wie: „Wenn du aufhören würdest, sie zu ärgern, würden sie auch keine blöden Sachen mehr zu dir sagen", oder: „Sie sind doch viel kleiner als du!" Er hat versucht, sich mitzuteilen, doch wenn er sich nicht verstanden fühlt, kann es gut sein, dass er vielleicht das nächste Mal leugnet, ihnen weh getan zu haben, um mit der Diskrepanz aus der Erwartungshaltung seiner Eltern und seinen eigenen Gefühlen zurechtzukommen. Auf diese Weise wird die Klarheit, mit der er sich ausgedrückt hat, immer unklarer werden.

Zuweilen sind wir zu unaufmerksam, zu beschäftigt und auch ungeübt im „Übersetzen" ihrer Worte.

Anzeichen

Die sechsjährige Anna sagt zu ihrer Mutter: „Manchmal zieht sich meine Kopfhaut zusammen und bleibt dann so." Die Mutter nimmt den besorgten Ausdruck ihrer Tochter war und fragt sie, ob sie glaubt, krank zu sein. Es stellt sich heraus, dass Anna darüber nachdenkt, ob sie auch Krebs hat, wie ihre Oma, und dass sie jetzt ihren Körper ganz genau beobachtet, um Anzeichen dafür zu entdecken.

An diesem Beispiel sieht man, wie schwierig es sein kann, die Botschaft hinter den Worten von Kindern zu lesen. Denn unser Alltag ist oft so schnell und so dicht gepackt mit To-dos, dass wir leicht über diese leisen Worte hinweggehen. Und gerade wenn Kinder Angst oder das Gefühl haben, nicht wertvoll zu sein, sagen sie es anfangs sehr leise, sie flüstern es, sie klopfen ganz zart an unsere Türe, weil sie die Gemeinschaft nicht belasten wollen. Wir können nur versuchen, aufmerksam zu sein und nachzuhorchen, wenn uns etwas „anspringt", wenn uns etwas irritiert.

Manchmal ist die Botschaft der Kinder nicht nur bezogen auf eine einzelne Situation, sondern auf das Lebensgefühl der Kinder. Es ist eine existenzielle Botschaft. Ein zehnjähriger Junge sagte: *„Ich hasse mein Leben. Es wäre besser, ich wäre nie geboren worden."* Diese Botschaft ist sehr laut, und manchmal ist sie auch ganz leise. Ein neunjähriges Mädchen geht in die dritte Klasse. Ihr Lehrer ist besorgt, weil er meint, er habe sie in den letzten zwei Jahren nicht mehr lachen gesehen. Manchmal verstecken Kinder ihre Botschaft sehr lange, weil sie keine Last sein wollen, denn wenn man eine Last ist, ist man nicht wertvoll für die Gemeinschaft.

Dabei ist es auch wichtig, zu unterscheiden, ob das Verhalten des Kindes überhaupt ein Ausdruck dafür ist, dass es ihm nicht gut geht. Denn natürlich ist nicht jeder Wutausbruch und jede Traurigkeit ein Hinweis auf eine generelle Not. Traurig zu sein, weil man nicht zum Geburtstag eingeladen wurde, wütend zu sein, wenn der Freud nicht mit einem spielen will, frustriert zu sein, weil man den Reißverschluss nicht zubekommt – diese Gefühle sind ja kein Hinweis darauf, dass es einem Kind prinzipiell nicht gut geht. Gefühle geben uns Informationen aus unserem Inneren. Sie intensiv wahrzunehmen und auch auszudrücken, ist notwendig, um sie zu verarbeiten und sinnvolle Handlungen daraus abzuleiten.

Doch wie kann man wissen, ob das Kind eine generelle Not hat oder ob es eine situationsbezogene Gefühlsäußerung ist und es dem Kind prinzipiell gut geht? Das kann man natürlich gar nicht wissen, denn nur das Kind könnte diese Frage beantworten. Doch junge Kinder können wir nicht danach fragen, denn sie können in dieser Weise nicht über sich selbst nachdenken. Wenn sie uns auf eine solche Frage antworten, liefern sie uns höchstens Antworten, die freundlich gemeint sind, weil Kinder uns so gerne zufriedenstellen. Doch wir können beobachten, uns unter Erwachsenen austauschen und eine Vermutung entwickeln. Basierend darauf können wir mit unserem Verhalten experimentieren und schauen, was passiert. Beobachten und sich hinterfragen sind dabei wichtige Vorgehensweisen.

Um in der Einschätzung, ob das Kind mit seinem Verhalten zeigt, „mir geht es nicht gut", weiter zu kommen, kann es hilfreich sein, unterschiedliche Sichtweisen nebeneinander zu stellen und aufeinander wirken zu lassen. Denn jeder von uns nimmt jeweils nur einen ganz kleinen Teil der Wirklichkeit war, immer verzerrt von der eigenen Wahrnehmungsbrille. Es ist so wie in der Geschichte, in der fünf Blinde einen Elefanten ertasten und sich darüber streiten, wer recht hat: Einer hatte das Ohr des Tieres ertastet und sagte: „Der Elefant ist wie ein großer Fächer." Ein anderer berührte den Rüssel: „Nein, er ist wie ein langer Arm." Der dritte ertastete das Bein: „Er ist wie eine dicke Säule!“ Jeder hatte nur einen Teil des Elefanten ertastet, und genau so hat auch jeder von uns nur seine eigene, begrenzte Wahrnehmung. Durch das Austauschen verschiedener Blickwinkel, Meinungen und Gefühle können wir viel mehr sehen als nur unsere eigene Wirklichkeit.

Zum Haare raufen

Eltern eines zweijährigen Jungen sind verunsichert, weil sich ihr Sohn, wenn er wütend ist, heftig an den Haaren reißt. Lernt er gerade, seiner Wut Ausdruck zu verleihen? Andererseits haben sie auch den Eindruck, dass er diese Wut gegen sich selbst richtet. Die Mutter meint: „Vielleicht sagt er damit auch, es ist zum Haare raufen!“ Der Vater spinnt diesen Gedanken weiter und fragt sich, was für ihn wohl zum Haare raufen sein könnte. „Vielleicht sagt er ja, es ist zum Haare raufen mit EUCH!“ Beide kommen zu dem Schluss, dass es in ihrer Familie manchmal nicht so nett ist, weil ihre eigene Beziehungsgestaltung oft nicht besonders wertschätzend ist, und so wollen sie versuchen, mehr Frieden miteinander zu leben und schauen, ob sich das Verhalten ihres Sohnes dadurch verändert.

Auch Veränderungen im Verhalten sind ein guter Hinweis.

Der große Streit

Eine Familie macht gemeinsam Urlaub. Der mittlere Sohn, zehn Jahre alt, gerät ständig in Streit mit seinen Geschwistern und Eltern, wegen allem Möglichen. Die Mutter macht einen Spaziergang mit ihm durch die Dünen und sagt zu ihm: „Ich habe den Eindruck, es geht dir gerade nicht gut, weil du in den letzten Tagen so häufig in Streit gerätst." „Hm ..." „Ich kenne das auch bei mir, wenn es mir nicht gut geht, streite ich mich auch viel häufiger mit dem Papa oder mit euch Kindern." „Aber alle haben keinen Spaß im Urlaub wegen mir." „Manchmal ist es so, da geht es einem nicht gut, und man ist ein bisschen anstrengend für die anderen. Das ist normal. Manchmal bin ich anstrengend, manchmal der Papa und manchmal ihr Kinder. Das ist ja auch das Schöne an Familie, da wird man liebgehabt, und man darf auch anstrengend sein. Und es sind Menschen da, die einem helfen." Ein wenig später erzählt er von dem großen Streit mit seinem besten Freund, kurz vor den Sommerferien.

Wichtig ist auch die Unterscheidung, ob das Kind ein Problem hat oder ob wir ein Problem haben mit dem Verhalten des Kindes. Manchmal erkennen wir nicht, dass es uns selbst schwerfällt, eine gute Beziehung zu dem Kind aufzubauen, und definieren dann, das Kind habe ein Problem oder sei schwierig. In einem Zeugnis stand: „Justus leidet an einem großen Bewegungsdrang." Vermutlich hat die Lehrerin darunter gelitten, doch Justus? Der natürliche Bewegungsdrang eines Kindes ist kein „auffälliges Verhalten", auch wenn es für Erwachsene herausfordernd sein kann, diesem basalen Bedürfnis gerecht zu werden. Sinnvoll wäre zum Beispiel die Leitfrage, wie Schulalltag gestaltet werden kann, damit Kinder sich entsprechend ihrer Bedürfnisse gut entwickeln können. Doch häufig wird von den Kindern die Anpassungsleistung erwartet.

Last Christmas

Wir probten mit einer dritten Klasse ein Theaterstück für das Winterfest. Während der Proben fing ein Junge an, andere zu kitzeln, warf Dinge durch die Luft, ahmte Furzgeräusche nach. In der Pause sagte ich zu ihm: „Ich brauche mal deine Hilfe.“ „Was soll ich für dich schleppen?“ „Ich brauche eine andere Hilfe, nämlich dass du still bist, während die anderen ihren Teil proben.“ „Ich bin jetzt ganz brav.“ „Ich weiß, dass du gut mitmachen willst, doch irgendetwas scheint für dich nicht zu passen. Das müssen wir herausfinden und verändern.“ „Ich kann einfach nicht so lange nichts tun. Vielleicht kann ich einen Fußball mitbringen, dann kann ich Ballkontakt üben.“ „Na ja, ich denke, es ist wichtig, dass du auf der Bühne währenddessen sitzen bleibst.“ „Gut, dann bringe ich meinen Zauberwürfel mit.“ Daraufhin wollten viele andere Kinder auch etwas mitbringen: ihre PSP (tragbare PlayStation), ihre Handys ... Daraufhin habe ich den Jungen gebeten, sein Stück zu spielen, die anderen sollten ihm dabei zusehen und besonders auf sein Gesicht achten. Am Ende des Stückes, das er in einem Affentempo gespielt hatte, sagte ein Mädchen: „Wenn er Schlagzeug spielt, ist er wirklich glücklich.“ Ich habe den Kindern erklärt, dass es schwer für ihn ist, nichts zu tun und sich nicht zu bewegen. Und deshalb wollte ich ihm das mit dem Zauberwürfel ermöglichen. Und so würde ich mit jedem und jeder einzelnen schauen, wenn etwas nicht passt, sie sollten mir einfach Bescheid sagen. Doch ansonsten schienen alle zufrieden zu sein und keine anderen Dinge zu benötigen.

Zuweilen ist es nicht einfach, einen natürlichen Bewegungsdrang von großer innerer Unruhe zu unterscheiden oder zu verstehen, was hinter einem „Bestimmenwollen“ steckt. Hier zwei Beispiele:

Keine Capri Sonne

Zwei Mütter haben sich zum Kaffeetrinken verabredet, damit die jeweils fünfjährigen Mädchen miteinander spielen können. Die beiden finden nicht so recht ins Spiel. Als die Mutter den Mädchen eine Capri Sonne anbieten will, bestimmt ihre Tochter, dass das Gastmädchen keine bekommen soll. Die Mutter fragt: „Was sollen wir denn jetzt machen, sie will doch bestimmt auch eine?“ „Sie darf aber keine haben!“ Die Mutter versucht, die Situation zu überspielen, und fragt das Mädchen, ob sie etwas anderes haben möchte, vielleicht einen Apfelsaft? Da klettert die Tochter auf den Schoß ihrer Mutter und hält ihr den Mund zu. „Du darfst nicht mehr mit ihr reden.“ Schließlich sagt die Mutter: „Ich glaube, meine Tochter will heute keinen Besuch haben. Vielleicht können wir uns ja ein anderes Mal treffen?“

Das Problem

Eltern eines fünfjährigen Mädchens kommen in die Familienberatung, weil es Streit wegen fast allem gibt: beim Essen, Anziehen, Schlafengehen ... Als die Mutter eine Situation schildern will, sagt das Mädchen: „Mama, du darfst nichts über mich erzählen.“ Die Mutter meint, sie müsse der Beraterin schildern, wie es zu Hause ist, sonst wisse sie ja nicht, worum es geht. Die Beraterin sagt: „Es ist, wie deine Tochter sagt. Wenn sie nicht möchte, dass du etwas über sie erzählst, dann können wir das hier nicht machen.“ Die Tochter sieht sehr zufrieden aus und fragt die Beraterin: „Was hast du eigentlich für einen Beruf?“ „Ich bin Familiendetektivin.

Ich versuche, herauszufinden, ob es allen in der Familie gut geht, und wenn nicht, was man machen kann, damit sich jeder wohlfühlt." Und so unterhalten sich das Mädchen und die Beraterin eine ganze Weile. Schließlich sagt die Fünfjährige: „Mama, du darfst jetzt alles über mich erzählen." Die Mutter schildert, dass ihre Tochter über alles bestimmen will, zum Beispiel abends, ob sie einen Schlafanzug anzieht oder nicht, wo die Matratze liegen muss (nämlich auf keinen Fall im Bett), und so sei es auch bei allem anderen. Die Beraterin sagt, sie habe das Gefühl, dass Lilly viel mehr bestimmen will, und die Eltern viel weniger bestimmen sollen. Da springt das Mädchen auf und ruft: „Ja, aber das ist ja das Problem."

In beiden Beispielen wollen die Mädchen bestimmen. Der Unterschied liegt darin, über *wen* die Kinder bestimmen wollen. Ein Kind, dass über seine eigenen Belange bestimmen will, folgt seinem Autonomiebedürfnis. Es gibt Kinder, die schon sehr früh ein sehr großes Autonomiebedürfnis haben, und Eltern haben dann die Aufgabe, zu entscheiden, worüber sie weiterhin bestimmen wollen – zum Schutz der eigenen Grenzen und für die Sicherheit des Kindes – und wo das Kind seine Selbstbestimmung ausleben kann.

Im ersten Beispiel will das Kind nicht über sich bestimmen, sondern über andere. Das ist ein wesentlicher Unterschied. Hier geht es nicht um Autonomie, sondern hier das Kind hat die Führung übernommen, oder genauer gesagt: Die Mutter hat die Führung nicht übernommen, und deshalb macht ihre Tochter jetzt den Job, womit sie natürlicherweise überfordert ist.

Ich habe diese beiden Beispiele gewählt, um zu zeigen, dass ein ähnliches Verhalten völlig unterschiedliche Ursachen haben kann. Um Verhalten einzuschätzen, ist es hilfreich, genau zu beobachten und sich die Zeit zu nehmen, darüber nachzudenken und nachzuspüren.

Manchmal erwarten wir auch zu viel zu früh, auch das Großhirn braucht Entwicklungszeit.

Eine Ente

Kinder eine Krippengruppe bekamen zum Geburtstag jeweils eine Badeente geschenkt. Als die Fachkraft Geburtstag hatte, war in das Geschenkpapier ein Buch eingewickelt. Sie hielt es in die Höhe und fragte die Kinder, was wohl darinnen sei. Die Kinder waren mit Begeisterung dabei und sagten: „Eine Ente!" Die Fachkraft packte das Buch ein wenig aus, so dass man eine Ecke des Buches sehen konnte. Dann fragte sie: „Glaubt ihr wirklich, dass es eine Ente ist?" Die Kinder jubelten begeistert: „Ja, eine Ente."

Gerade auch wenn junge Kinder wütend sind, hat ihr Großhirn quasi keinen Einfluss mehr auf ihr Handeln, auch das ist kein auffälliges Verhalten. Wir versuchen dann, sie mit rational vernünftigen Argumenten zu erreichen, doch es ist wie in einem Parkhaus: Wir befinden uns auf der oberen, rationalen Etage, die Kinder sind jedoch eine Etage darunter, auf der emotionalen Ebene. Wir können uns dann noch nicht mal gegenseitig sehen, also brauchen wir auch nicht weiter zu argumentieren. Die meisten Kinder brauchen dann einfach nur Zeit und Ruhe, um sich wieder zu beruhigen, einige lassen sich bei diesem Verarbeiten ihrer Gefühle auch in den Arm nehmen.

Ein Vater erzählte, dass seine dreijährige Tochter immer wieder Wasser aus ihrem Trinkglas auf den Teppich schüttet. Er habe ihr schon oft gesagt, dass sie das nicht tun soll, und er fragt sich, ab welchem Alter Kinder das verstehen können. In diesem Beispiel war es so, dass die Tochter, kurz bevor sie das Wasser auf den Teppich schüttete, in das Gesicht ihres Vaters geguckt hatte. Vermutlich wusste sie genau, er will das nicht, doch hatte sie noch nicht wirklich herausgefunden, wie er dazu steht und wie er mit ihr umgeht, wenn sie Dinge tut, die er nicht mag. Es war ein Sozialexperiment, bei dem die Dreijährige versucht hat, herauszufinden, wo genau die Grenzen ihres Vaters liegen und was er tut, wenn diese überschritten werden. Ein solches Verhalten gehört zum normalen Lernprozess und ist kein Hinweis darauf, dass es einem Kind nicht gut geht. Würde das Kind dem herabfließenden Wasser zuschauen, wäre es wohl ein physikalisches Experiment, denn Kinder richten ihren Blick auf das Zentrum ihres Interesses.

Und manchmal prallen einfach auch nur verschiedene Werte aufeinander, ohne dass einer der Beteiligten ein Problem hätte.

Die Putzfrau

Ich habe mit einer ersten Klasse ein Geschmacksexperiment gemacht. Die Kinder schnitten Äpfel und Möhren klein, legten sich gegenseitig bei zugehaltener Nase und geschlossenen Augen jeweils kleine Stücke auf die Zun-

ge. Wenn Augen, Nase und Hände nicht helfen, kann die Zunge nicht herausfinden, ob es eine Möhre oder ein Apfel ist. Man muss Essen nicht in den Mund nehmen, um zu wissen, ob es einem schmeckt, das entscheidet vor allem die Nase. Nach dem Experiment forderte ich die Kinder auf, ihren Tisch wieder aufzuräumen und abzuwischen. Doch ein Junge sagte zu mir: „Ich Mann, du Putzfrau", und erwartete von mir, dass ich seinen Tisch sauberwische. Oha, da war meine emanzipatorische Grundhaltung doch sehr angekratzt, und ich war kurz davor, den Jungen unter meinen Willen und zum Aufräumen zu zwingen, nach dem Motto: „Und auch du räumst auf. Machoallüren dulde ich hier nicht!" Aber wir beide hatten Glück, gerade noch rechtzeitig wies mir der Wert Gleichwürdigkeit wie ein Leuchtturm den Weg (Danke, lieber Jesper!). „Okay, du bist der Meinung, Saubermachen ist Frauenarbeit, und ich denke, jeder sollte seinen Dreck selbst wegmachen, richtig?" „Ja, Männer machen das nicht weg." „Okay, was machen wir? Ich will deinen Tisch nicht saubermachen." Da sagte ein Mädchen: „Ich kann den Tisch sauber machen, ich mache gerne sauber." Ich dachte nur: „Nein, nein, nein, das geht in die ganz falsche Richtung …", bin dann aber wieder zur Gleichwürdigkeit zurückgekehrt und habe sie gefragt: „Bist du dir sicher?" Und mit einem strahlenden „Ja" machte sie sich an die Arbeit.

Wenn ich dieses Beispiel in Fortbildungen erzähle, habe ich gleich sehr viel Energie im Raum, dann sind alle wach und wir können prima arbeiten. „Aber der Junge lernt doch dann, dass er damit durchkommt. Der hat doch ruckzuck raus, dass andere seinen Dreck wegmachen, wenn er es nicht macht."

Nach dem alten Bild vom Menschen wäre das tatsächlich so, denn da ging man davon aus, dass man Kinder zu sozialer Verantwortung erziehen muss. Doch im neuen Bild liegt das Vertrauen begründet, dass jeder Mensch etwas Wertvolles zur Gemeinschaft beitragen will. Und muss jeder tatsächlich das Gleiche beitragen?

Für mich ist es so wie in der Geschichte „Frederick" von Leo Lionni. Da sammeln alle Mäuse fleißig Vorräte für den Winter, außer Frederick. Der sitzt nur da und sammelt Farben, Wörter und Sonnenstrahlen. Als im Winter alle Vorräte aufgegessen sind, wird den Mäusen sehr kalt, und ihnen ist elend zumute. Da erinnern sie sich an Fredericks Vorräte, und er schickt ihnen Sonnenstrahlen und Wörter und Farben. Den Mäusen wird warm, und sie schöpfen neuen Mut. Viele finden diese Geschichte bezaubernd, doch im echten Leben glauben wir manchmal, alle müssten den gleichen Beitrag liefern.

Die Geisterbahn

Kinder der ersten bis vierten Klasse bauten mit mir zusammen eine Geisterbahn, und sie waren darin die lebendigen Geister. Ein Junge beteiligte sich während dieser Woche nicht, also überhaupt nicht. Er half nicht beim Überlegen und auch nicht beim Aufbauen. Ich habe mehrmals versucht, ihn miteinzubeziehen, doch er meinte, er wolle lieber zugucken, was die anderen so machen. Als ich am letzten Tag die Kinder in die Mittagspause verabschiedete (abends sollte die Geisterbahn in Betrieb gehen, das Publikum war kaum noch zu bändigen), sagte dieser Junge, kurz bevor alle gingen:

„Wir müssen die Turnhalle abschließen, sonst kommen alle rein und gucken sich schon alles im Hellen an, dann ist unsere Geisterbahn nicht mehr gruselig.“ Und damit hatte er sowas von Recht! Mit diesem einzigen Gedanken hatte er unsere Geisterbahn gerettet. Ein Junge sagte zu ihm: „Du bist unser Held“, und „unser Held“ strahlte in einer Weise, die mich heute noch berührt, wann immer ich daran denke.

Und was ist mit der Gleichberechtigung und dem Frauenbild in dem „Putzfrau“-Beispiel? Zuweilen glauben wir zu wissen, welche Werte für alle die richtigen sind. Doch es gibt keine richtigen und falschen Sichtweisen, nur verschiedene. Aufgrund unserer unterschiedlichen Erfahrungen sind wir zu unterschiedlichen Schlussfolgerungen gekommen. Natürlich habe ich eine klare Meinung und bin tatsächlich der Auffassung, dass gelebte Gleichberechtigung ein gutes Beziehungsmodell ist, doch das ist ja nur meine Meinung, und ich kann nicht wissen, was für andere das Beste ist. Wenn Kinder einen respektvollen Umgang erfahren – auch für ihre eigenen Werte – ‚wird dieser Respekt auch in unsere Gesellschaft kommen, und das brauchen wir dringend. Toleranz in einer Gesellschaft beginnt in kleinen Situationen, wie in diesem Klassenzimmer.

Ich habe den Jungen eingeladen, die Pause mit mir zu verbringen. Da für ihn keine Fußballpause war, hat er meine Einladung angenommen. „Ich habe drei Söhne und eine Tochter. Wenn nur die Frauen putzen, hätten wir Frauen viel Arbeit. Das wäre für mich schlecht, dann hätte ich keine Zeit, hier zu sein. Deshalb putzen bei uns auch die Männer. Wie ist es bei euch zu Hause?" „Mama macht sauber in Haus, Papa geht Arbeit, verdient Geld." Und so haben wir uns noch eine ganze Weile unterhalten, uns gegenseitig unsere Welten gezeigt, und wir hatten eine tolle Pause zusammen.

Es war für mich sehr interessant, zu hören, wie er es erlebt und wie die Welt für ihn aussah. Ich habe ihm auch meine Welt gezeigt, und mit den Jahren wird er entscheiden, was für ihn und sein Leben das Beste ist. Würde ich definieren, dass Gleichberechtigung und ein modernes Frauenbild die einzig seligmachende Beziehungsform ist, käme er außerdem in einen Loyalitätskonflikt. Denn seine Familie ist ja seine Familie, sein Heimathafen. Wenn ich den verkehrt mache, verlasse ich nicht nur die Gleichwürdigkeit, sondern dann wird es auch schwer für ihn, mit mir zusammen zu sein.

Sicherlich gibt es auch Situationen, in denen ich Kinder unter meinen Willen zwinge. Doch das mache ich nur, wenn es gefährlich wird, wenn meine eigenen Grenzen überschritten werden oder wenn das Verhalten eines Kindes aus meiner Sicht die anderen Kinder zu sehr beeinträchtigt. Für eine solche Machtanwendung übernehme ich dann die volle Verantwortung, anstatt zu sagen: „Das musste ich ja machen, weil du ..."

Der Jäger

Bei einer Nachtwanderung mit Kindern der vierten Klasse lief ich zusammen mit einem Jungen und einem

Mädchen vorne. Der Junge sagte Dinge, die dem Mädchen Angst machten. Deshalb habe ich zu ihm gesagt: „Ich will, dass du aufhörst, über gruselige Dinge zu reden.“ Daraufhin fragte er das Mädchen: „Wovor hast du eigentlich am meisten Angst?“ Das Mädchen antwortete: „Wenn der Jäger uns für Wildschweine hält und erschießt.“ Seine Antwort war: „Da vorne kommt ein Hochsitz, und ich habe auch schon ein Klicken gehört.“ Ich fand es nicht länger zumutbar für das Mädchen und sagte zu ihm: „Ich bringe dich jetzt nach hinten zu Frau Schneider, denn ich will nicht, dass Paula so eine Angst hat.“ „Ich höre jetzt auf.“ „Ich erlaube es nicht, dass du weiter mit ihr vorne läufst.“

In dieser Situation habe ich den Jungen unter meinen Willen gezwungen, weil es aus meiner Sicht für das Mädchen zu heftig war. Doch Apfelschalen auf einem Tisch sind ja nicht so gefährlich, und deshalb bin ich froh, meinen Werten treu geblieben zu sein.

Und was ist mit dem Mädchen, das den Tisch abgewischt hat? Auch mit ihr habe ich geredet. „Ich bin immer noch erstaunt, dass du den Tisch abgewischt hast. Ich mache das nämlich nicht so gerne. Ich habe mich gefragt, ob du es gemacht hast, weil dir das wirklich Spaß macht, oder ob du vielleicht wolltest, dass Haitam dich mag, oder vielleicht wolltest du auch nicht, dass es Streit gibt?“ „Nö, ich mache so was eben gerne.“ Wenn ich mich für die Innenwelt von Kindern interessiere, lernen Kinder auch, sich ebensolche Fragen zu stellen. Warum tue ich, was ich tue? Was sind die Gründe dafür? Auf diese Weise lernen sie sich selbst immer besser kennen und werden herausfinden, was zu ihrem Leben passt.

Wenn ein Kind nicht mitmacht, wie die Erwachsenen sich das vorstellen, wird nicht selten das Kind definiert: „Mit dir stimmt etwas nicht oder mit deiner Familie oder mit beiden." Häufig wird dann der Ruf nach einer Diagnose laut, bei Jungs häufiger als bei Mädchen. In so manchen Elterngesprächen in Kitas und Schulen wird dann ein „Verdacht" geäußert wie etwa ADHS oder Asperger-Syndrom. Solche geäußerten Gedanken lösen große Unsicherheiten bei den betroffenen Familien aus. Ich denke, pädagogischen Fachleuten, die solche Dinge äußern, ist nicht bewusst, dass sie damit ihre Fachlichkeit verlassen, ebenso nicht die Wucht, mit der diese Worte die Familien treffen. Zweifelsohne kann man aus fachlich korrekt gestellten Diagnosen viele sinnvolle Vorgehensweisen ableiten, doch nicht selten werden Menschen dadurch auch zum Objekt gemacht. Dann wird durch diese eine Facette im Verhalten eines Menschen, die nur einen Teil der Person ausmacht, der ganze Mensch definiert, und die entscheidenden Fragen werden nicht mehr gestellt: Wer bist du? Wie kann ich mit dir in Kontakt kommen? Was brauchst du? Eine Schulbegleiterin, die vor allem Kinder mit der Diagnose Asperger-Syndrom begleitet, meinte dazu: „Alle haben die gleiche Diagnose, doch jedes Kind ist einzigartig, deshalb schaue ich immer wieder neu: Wer bist du? Willst du mit mir zusammenarbeiten? Was sind deine Stärken?" Der Vater eines sechsjährigen Jungen, der das Down-Syndrom trägt, hat gesagt: „Er lernt langsamer, vieles kann er gar nicht lernen, wie vermutlich Polynomdivision, und doch er ist ein Mensch wie alle anderen, und er hat genau die gleichen Bedürfnisse wie alle Kinder."

Die Diagnose

Ein neunjähriger Junge erhält die Diagnose Asperger-Syndrom. Für die Eltern ist diese Diagnose eine Entlastung, weil sie endlich das Gefühl haben, dass jemand ihre besondere Herausforderung anerkennt. Davor fühlten sie sich als Eltern unfähig, jetzt haben sie endlich eine Erklärung für sich gefunden. Doch ihren Sohn hat diese Diagnose sehr verunsichert. Er hat den Eindruck, „behindert" zu sein. Als er mir von seiner Diagnose erzählt, wirkt er auf mich sehr erschüttert, sein Blick unsicher. „Die Psychologen glauben also, du hast Asperger. Was glaubst du selbst?" „Hm. Und wenn die Recht haben?" „Hm, ich weiß es nicht. Ich denke, dass mit dir alles okay ist. Wenn wir etwas zusammen gemacht haben, hatte ich immer den Eindruck, alles ist gut. Und für mich ist es auch nicht wichtig, was andere über dich denken, für mich ist wichtig, was du über dich selbst denkst."

Wenn ein Kind zunehmend aggressiv reagiert, wenn es ihm schwerfällt, sich zu konzentrieren, oder es häufig in Streit mit anderen Kindern gerät, geht es darum, zu schauen, was die Botschaft hinter diesem Verhalten ist. Es geht nicht darum, zu schauen, was beim Kind verkehrt ist, oder wahlweise bei den Eltern. Es geht darum, das Augenmerk darauf zu richten, was dem Entfaltungspotenzial des Kindes entgegensteht.

Die Direktorin einer Schule fragte mich, ob es nicht sein könne, dass Kinder heute einfach schlecht erzogen seien. „Wir haben früher doch auch nicht so ein Tamtam gemacht und sind sitzen geblieben. Warum können die Kinder das heute nicht mehr?" Damit hat die Direktorin recht: Bis vor ein paar Jahrzehnten waren Kindern in der Regel gehorsam und machten, was die Erwachsenen wollten, ganz ohne „Tamtam". Heute ist das zum Glück nicht mehr so. Sicherlich gäbe es weniger Konflikte, wenn eine Lehrkraft sagen könnte: „Guten Morgen, holt leise eure Arbeitsmaterialien heraus und fangt an zu arbeiten, bis ich euch eine neue Anweisung erteile." Wenn alle Kinder einfach machten, was wir von ihnen verlangen, würde das unseren Alltag sehr erleichtern. Doch Kinder heute fordern ein, dass auch ihre Welt, ihre Bedürfnisse und Wünsche mit einbezogen werden, und leben damit ihre Selbstwirksamkeit und Selbstverantwortung – wesentliche Fähigkeiten, die wir in den kommenden Jahrzehnten dringend brauchen werden. Gehorsam hat uns in diese Weltsituation gebracht, jetzt brauchen wir Verantwortung, um da wieder rauszukommen. Was wir dabei auch gewinnen, ist, dass wir Kinder viel mehr so erleben, wie sie sind, weil sie nicht mehr so viel von sich selbst verstecken oder gar aufgeben müssen, um mit uns Erwachsenen und unseren Erwartungen zurechtzukommen. Das finde ich persönlich sehr bezaubernd! Kinder zeigen sich heute viel mehr, auch ihre Not. Für mich bedeutet das auch, sie haben Vertrauen in uns und glauben, dass wir ihnen zuhören werden.

Der Schaufelradbagger

Kinder der zweiten Klasse sollen ein Referat über ein Haustier gestalten. Ein Junge fragt die Lehrerin, wozu ein Referat gut sein soll. Als sie es ihm erklärt hat, ist er davon überzeugt, damit eine sinnvolle Fähigkeit zu erwerben. Deshalb fragt er sie, ob er auch ein Referat über den Schaufelradbagger halten könne, doch die Lehrerin sagt zu ihm, er müsse sich auch ein Haustier aussuchen.

Weshalb hat sie es ihm nicht erlaubt? Vielleicht weil dann alle ein eigenes Thema haben wollen? Doch was wäre daran schlimm? Ich jedenfalls finde es einen sehr spannenden Gedanken, was passieren würde, wenn wir Kindern auch in der Schule mehr ermöglichen würden, ihrem eigenen Lerntrieb zu folgen.

Apfelfinger

Ein vierjähriges Mädchen möchte mit klebrigen „Apfelfingern" ans Klavier. Die Frau, der das Klavier gehört, sagt zu ihr: „Du musst dir vorher die Hände waschen." Daraufhin sagt das Mädchen sehr freundlich: „Ich will das aber nicht. Du bist nämlich nicht mein Bestimmer." „Ja, da hast du recht. Ich versuche, es mal besser zu sagen: Mein Klavier darf man nur benutzen, wenn man gewaschene Finger hat." „Sag das doch gleich." Mit diesen Worten geht das Mädchen zum Händewaschen.

Warum hat sie nach diesen Worten mitgemacht? Vermutlich weil ihr zum einen nicht mehr befohlen wurde, was sie zu tun hat, und weil zum anderen die Bereitschaft da war, das eigene Verhalten zu verändern, wenn es dem Gegenüber nicht guttut. Diese beiden Qualitäten helfen uns, neue Wege der Führung zu entwickeln, und wenn man merkt: „So geht es schon mal nicht“, noch mal nachzudenken und etwas anderes auszuprobieren – anstatt die Anpassungsleistung allein von den Kindern zu erwarten.

Diese beiden Qualitäten, das eigene Verhalten zu hinterfragen und auch die Verantwortung dafür zu übernehmen, haben viele Eltern und Fachleute in den letzten Jahrzehnten entwickelt. Doch auch wenn wir einen gleichwürdigen Führungsstil anbieten – es gibt zunehmend Kinder, die mit ihrem Verhalten zeigen: Ich kann nicht mehr. Das ist so, als würde ein Koch oder eine Köchin immer köstlicheres Essen zaubern, und gleichzeitig hätten die Gäste immer weniger Appetit. Die Aufgabe von uns Erwachsenen ist es, herauszufinden, was das zu bedeuten hat, und dann auch etwas zu verändern.

Die Verantwortung der Erwachsenen

Wenn Erwachsene bereit sind, Verhalten als Botschaft anzuerkennen, und die Bereitschaft mitbringen, ihr eigenes Verhalten zu verändern, ist das die Basis für eine sinnvolle Veränderung.

Zwicken

Ein sechsjähriges Mädchen zwickt im Morgenkreis regelmäßig die neben ihm sitzenden Kinder. Die Eltern der gezwickten Kinder beschweren sich zunehmend bei der Fachkraft über die blauen Flecken ihrer Kinder. Dieses Mädchen könnte mit ihrem Verhalten versuchen zu sagen: „Für mich ist es schwierig, hier zu sein. Ich habe das Gefühl, keiner mag mich hier."

Eine Fachkraft sagte zu diesem Beispiel: „Ja, klar mag sie keiner, wenn sie immer zwickt. Ich wollte da auch nicht neben ihr sitzen." Die Frage ist, was ist die Ursache, was die Wirkung. Natürlich bewirkt ihr Zwicken, dass andere Kinder nicht neben ihr sitzen wollen, doch es hat ja einen Grund, warum sie mit dem Zwicken begonnen hat. Es ist wichtig, ihr Verhalten ernst zu nehmen und die Botschaft dahinter zu hören, anstatt ihr Verhalten zu verurteilen. Wenn ich lediglich fordere: „Lass das sein, das tut den anderen doch weh!", nehme ich die Botschaft des Kindes nicht ernst und das Kind wird sich nicht ernst genommen fühlen. Wir lassen es dann mit seiner Not allein.

Es gibt unzählige Verhaltensprogramme, die darauf abzielen, das Verhalten der Kinder zu verändern, und einige Kitas und Schulen klammern sich daran, weil sie am Verzweifeln sind. Doch solange wir das Verhalten herausgeforderter Kinder nicht als Botschaft akzeptieren, kann es keine sinnvolle und langfristige Änderung geben, und all unser Bemühen und unsere Energie, die wir da hineingeben, ist vergeudet. Es ist so wie bei einem Feuermelder: Wenn der losgeht, kann man sich um das laute, nervige Piepen kümmern (um das Verhalten) oder man kann schauen, wo es brennt, und etwas dagegen unternehmen. Mit dem „Piepen" versucht das Kind so gut es ihm eben möglich ist, mitzuteilen, wie es in seiner Welt aussieht – und das ist sehr kompetent. Die soziale Kompetenz dieses Mädchens liegt darin, ausdrücken zu können, wie sie sich in dieser Gemeinschaft fühlt, jetzt in diesem Moment. Natürlich ist ihr Ausdruck verzerrt, und es bedarf der Empathie der Erwachsenen, diese Botschaft zu übersetzen.

Wenn ich ihr helfe, sich selbst wahrzunehmen und auszudrücken und gemeinsam mit ihr schaue, was sie braucht, um sich wohlzufühlen und mitmachen zu können, gebe ich allen Kindern ein Beispiel dafür, wie wir Menschen begegnen können, die in Not sind, wie alle einen sinnvollen Platz in einer Gemeinschaft bekommen, wie Konflikte in einer dialogischen Haltung gelöst werden können. Alles Qualitäten, die wir dringend in unserer Weltgemeinschaft brauchen. Dann hört auch das Signalverhalten auf. Ähnlich wie beim Feuermelder: Das Piepen hört auf, wenn es nicht mehr brennt.

Und natürlich dürfen wir die anderen Kinder in dieser Situation auch schützen und das Mädchen stoppen – auch das sind wertvolle Resonanzprozesse für alle. Aber, und das ist ein sehr großes ABER, es ist wichtig, es freundlich zu tun, nicht aus dem Vorwurf heraus, denn sie ist ja eine Lernende. Sie ist gerade dabei, zu lernen, sich selbst wahrzunehmen und auszudrücken, ohne andere dabei zu verletzen. Wenn ich sie dafür kritisiere, verletze ich sie und sende damit eine doppelte Botschaft: Du sollst nicht verletzen, ich darf dich verletzen.

Angenommen ein Kind der ersten Klasse kann bis zu den Winterferien nicht lesen. Würden wir ihm sein Unvermögen vorwerfen? Oder würden wir versuchen, herauszufinden, wo es hängt und was es braucht, um diese Fähigkeit zu erlangen? Genauso ist es auch beim Sozialverhalten. Was braucht dieses Mädchen, um gut in einer Gruppe zurechtzukommen? Was kann ich ihr anbieten, um sie dabei zu begleiten?

Aber muss es denn nicht auch ein bisschen streng klingen, wenn ich sage: „Stopp, ich will nicht, dass du zwickst", damit sie auch wirklich merkt, dass es mir ernst ist? Ja, da ist es wieder, das alte Bild vom Menschen. Zu den angeborenen Grundkompetenzen eines Kindes gehört es, Signale von anderen wahrnehmen zu können und sinnvoll darauf zu reagieren. Wenn wir also klar sind in unserer Aussage und deutlich machen, was wir wollen und was nicht, was wir zulassen und was nicht, dann ist es völlig ausreichend für unser Gegenüber. Es muss nicht „böse" klingen.

Aber gibt es nicht auch Kinder, die solche Signale nicht lesen können? Natürlich gibt es die, und auch diese Kinder brauchen das gleiche wie alle anderen Kinder: Resonanzprozesse. Wenn ein Kind Schwierigkeiten hat, aus meiner Stimme, Mimik und Gestik herauszulesen, wo ich stehe und was ich will, liegt es in meiner Verantwortung, einen anderen Weg zu finden, einen guten Kontakt zwischen mir und diesem Kind herzustellen.

Die Kiste

Eine Lehrerin der dritten Klasse hat eine Kiste, in der sie besondere Dinge aufbewahrt, wie etwa Luftballons oder Gummibärchen. Sie hat deutlich gesagt, dass keiner außer ihr diese Kiste öffnen darf. Als ein Junge es dennoch wiederholt tut, sagt die Lehrerin zu ihm: „Ich bin verärgert, ich will nicht, dass du an meine Kiste gehst!" Da sagt der Junge: „Ich weiß gar nicht, wann du verärgert auf mich bist." „Guck mal in mein Gesicht, findest du nicht, dass ich verärgert aussehe?" „Ich weiß nicht." Dann macht die Lehrkraft einen freundlichen Gesichtsausdruck und fragt ihn, wie sie jetzt aussähe. „Hm". Schließlich kommt ein anderer Junge dazu und beteiligt sich an diesem Spiel. „Du siehst fröhlich aus." Der andere Junge fragt überrascht: „Woher weißt du das?" „Na, das sieht man halt."

Es fiel dem Jungen schwer, den Gesichtsausdruck als Teil der impliziten Botschaft zu erkennen und daraus abzuleiten, wie der Lehrerin zumute war. Also machte die Lehrerin sich zur Aufgabe, diesem Jungen deutlicher zu sagen, was sie von ihm möchte und wie sein Verhalten auf sie wirkt, etwa indem sie sagte: „Ich bin gerade ärgerlich", oder: „Ich freue mich über deine Idee", oder: „Ich freue mich, dich zu sehen." Da er dies nicht am Gesichtsausdruck ablesen konnte, hat sie es in Worte übersetzt. Vielleicht ist es bei diesem Jungen so, dass er den schnellen intuitiven Weg nicht gehen kann und einen Umweg über das Großhirn und damit über Sprache machen muss. Lehrerin und Schüler bilden hier eine lernende Gemeinschaft. Der Junge lernt, andere besser einzuschätzen, und die Lehrkraft lernt, ihre Beziehungskompetenz und ihren persönlichen Ausdruck zu erweitern. Dennoch bleibt das Grundprinzip bestehen: Für unsere menschliche Entwicklung brauchen wir Resonanzprozesse, in denen wir uns selbst und andere wahrnehmen können.

Zuweilen gießen Erwachsene zusätzlich Öl ins Feuer.

Der Schulbegleiter

Ein siebenjähriger Junge hat eine Schulbegleitung, weil er andere Kinder verletzt, wenn er wütend ist. Die Lehrerin fordert alle Kinder der Klasse auf, sich auf den Boden in den Sitzkreis zu setzen. Dieser Junge setzt sich in die „zweite Reihe", so dass er etwas außerhalb des Kreises sitzt. Der Schulbegleiter sagt zu ihm: „Alle Kinder sollen in den Kreis, du auch." Der Junge reagiert nicht. Der Schulbegleiter berührt den Jungen an der Schulter und wiederholt seine Aufforderung. Der Junge dreht seinen Oberkörper etwas weg, woraufhin der Schulbegleiter fragt: „Hast du mich nicht gehört? Du sollst dich auch in den Kreis setzen." Daraufhin tritt der Junge das vor ihm sitzende Kind.

Es könnte gut sein, dass der Junge einfach nur gut für sich gesorgt hat, in dem er sich außerhalb des Kreises gesetzt hat, vielleicht war ihm die Nähe zu den anderen zu viel. Und es könnte so gewesen sein, dass der zusätzliche Druck, den der Schulbegleiter auf den Jungen ausgeübt hat, sich in dem Tritt entladen hat. Erwachsene sind zuweilen nicht geübt, Kinder ernst zu nehmen, und wenn die Kinder dann etwas deutlicher werden in ihrem Verhalten (sich zum Beispiel wegdrehen oder treten), werden sie zum Buhmann gemacht. Der Schulbegleiter dokumentierte diesen Tritt in seinem Heft, welches er führte, um die „Missetaten" des Jungen zu protokollieren. Seine eigenen Grenzüberschreitungen notierte er nicht.

Ich schreibe das so deutlich, um zu zeigen, wie häufig wir die Grenzen der Kinder überschreiten, ohne dass es uns bewusst ist, und damit etwas von ihnen fordern, was wir oft selbst nicht schaffen.

Das Elterngespräch

Ein Vater sitzt mit seiner vierzehnjährigen Tochter beim Elterngespräch, weil sie in Mathe auf Fünf steht. Der Lehrer möchte das Mädchen gerne unterstützen und erklärt ihr, was in der nächsten Arbeit drankommt. Außerdem möchte er, dass sie sich von ihren Freundinnen wegsetzt, damit sie besser am Unterricht teilnehmen kann und nicht zum Schwätzen verführt wird. Zwei Wochen später stellt der Vater fest, dass seine Tochter weder für die Arbeit gelernt hat (obwohl sie die Inhalte genau kannte), noch hatte sie sich von ihren Freundinnen weggesetzt. Er ist verärgert, weil seine Tochter diese tolle Chance nicht genutzt hat.

In diesem Beispiel übernehmen die Erwachsenen keine Verantwortung, lediglich die Vierzehnjährige soll die Anpassungsleistung erbringen. Vater und Lehrer glauben zu wissen, was das Beste für sie ist, doch das kann nur sie selbst wissen. Doch ihre Welt hatte in diesem Gespräch keinen Raum. Ein guter Start wäre für mich gewesen, zunächst einmal zu klären, ob sie Mathe überhaupt lernen will, und wenn ja, in welchem Umfang und auch, was sie braucht, um bei ihrem Lernprozess voranzukommen, anstatt lediglich zu fordern: Mach, was wir für dich und dein Leben für richtig halten.

Ich weiß, das klingt für einige ein bisschen verrückt. Doch wie ist es denn bei uns? Würden wir einen Englischkurs besuchen, den wir uninteressant finden und die Lehrkraft unsympathisch? Wohl kaum. Wir erwarten oft von Kindern, was wir selbst nicht bereit wären zu tun. Und sicherlich ist das Leben nicht immer so, wie wir es uns vorstellen. Doch dieses „die können sich später auch nicht alles aussuchen" ist etwas, das vor allem in unseren Köpfen stattfindet.

Im Zusammensein mit herausgeforderten Kindern kann es für Erwachsene viele Lernaufgaben geben, zum Beispiel den eigenen Handlungspunkt herauszuarbeiten: Wann setze ich meine Macht ein, wann lasse ich es laufen? Wie komme ich in Kontakt? Wann fange ich selbst an, zu reagieren, weil ich es persönlich nehme?

Der schlimmste Tag

Eine Lehrerin hat Pausenaufsicht und erlaubt einem Jungen nicht, kurz vor Ende der Pause noch einen Ball auszuleihen. Zurück im Klassenzimmer der vierten Klasse sagt der Junge zu dieser Lehrerin: „Ich mache diesen Tag zum schlimmsten in deinem Leben!" Die Lehrerin ist so enttäuscht, denn sie hatte den Eindruck, gerade für diesen Jungen viel zu tun, und fühlte sich in ihren Bemühungen weder gesehen noch wertgeschätzt.

Zuweilen nehmen wir solche Verhaltensweisen persönlich und fangen entweder an, gegen das Kind zu kämpfen („Jetzt reichts! Ich bin doch nicht dein Hampelmann!"), oder ziehen uns enttäuscht zurück („Ich fühle mich so ungerecht behandelt. Der kann jetzt sehen, wie er ohne meine Hilfe zurechtkommt."). Hilfreicher ist es jedoch, das Kind einzuladen, gemeinsam zu schauen, was los ist. *„Deine Worte erschrecken mich. Wenn du so etwas zu mir sagst, glaube ich, du bist richtig wütend auf mich. Stimmt das?"*

Kurz: Die Kinder sind also weder verrückt noch unerzogen, sondern sie wollen etwas Wichtiges sagen. Der wesentliche erste Schritt ist, die Verantwortung zu übernehmen, zu schauen, was diese Botschaft bedeutet. Wenn dieser Schritt vollzogen ist, ist schon etwas sehr Wichtiges erreicht: Das Kind fühlt sich nicht länger verkehrt und als Störfaktor, sondern als Mensch, der etwas Wichtiges sagen will. Die Erwachsenen haben so auch die Möglichkeit, sich in das existenzielle Bedürfnis des Kindes einzufühlen.

3. Was fehlt Kindern heute?

„Je unwohler sich jemand in seiner Haut fühlt, desto weniger ist er in der Lage, sich ‚richtig' zu verhalten."

Jesper Juul

Mut fürs Reisegepäck

Was könnten Kinder mit ihrem Verhalten für Botschaften senden? Um uns das anzuschauen, brauchen wir Interesse, Offenheit und Mut, sogar jede Menge Mut. Denn Kinder gut ins Leben hinein zu begleiten, ist die wichtigste Aufgabe im Leben von Eltern. Wenn wir den Eindruck haben, unsere Kinder nicht gut zu versorgen, geraten wir in Stress. Die meisten haben gelernt, in Schuld zu denken, so dass wir sofort den Eindruck haben, schuld an der Not der Kinder zu sein. Doch das ist nicht wahr. Eltern sind nicht schuld, wenn es ihrem Kind nicht gut geht, sie tragen die Verantwortung, etwas zu verändern, damit es ihrem Kind besser geht. Das ist ein sehr elementarer Unterschied.

Als Kinder wurden wir oft schuldig gesprochen und haben so gelernt, uns schuldig zu fühlen. *„Was hast du denn jetzt schon wieder gemacht? Nie kann man dich allein lassen! Du machst mir immer nur Dreck und Arbeit!"*, das waren ganz übliche Worte meiner Mutter. Vielleicht denkt jetzt der eine oder die andere, so schlimm war meine Kindheit nicht. Auch wenn wir das Glück hatten, zugewandte, liebevolle Eltern zu haben, so sind wir doch in der Gehorsamskultur aufgewachsen. Arno Gruen drückt es in seinem Buch „Wider den Gehorsam" so aus:

„Gehorsam ist die Unterwerfung unter den Willen eines anderen. Bereits in früher Kindheit beginnt diese Unterwerfung, lange bevor Sprache und Denken sich ordnen, so dass der Gehorsame später seine Unterwerfung während der Kindheit gar nicht wahrnimmt, ohne sich dessen bewusst zu sein. Ein Mensch wird durch die innere Entfremdung tief verletzt."

Ob in der eigenen Familie oder in der Gesellschaft, wir alle waren eingebettet in Kritik, Belehrungen und Bestrafungen. Auf diese Weise haben wir gelernt, uns schuldig zu fühlen. Diese tiefen verinnerlichten Überzeugungen wirken in uns heute immer noch. Deshalb haben wir das Gefühl, wenn etwas nicht gut läuft, wären wir daran schuld. Schuld ist für viele Menschen ein ständiger Begleiter, und Schuld wiegt schwer.

Gerda

In einem Sportstudio trainiert eine achtzigjährige Frau. Sie fragt ihre Trainerin: „Ist alles in Ordnung?" „Ja, wieso?" „Du siehst heute irgendwie verärgert aus." „Ach so, ich habe nur Kopfschmerzen." Gerda seufzt aus tiefstem Herzen und sagt: „Ich denke immer, ich habe was verkehrt gemacht."

Unsere Kindheitserfahrungen wirken lange: *Sag mal, geht's noch? Was ist denn in dich gefahren? Kannst du mir mal sagen, was das soll? Das glaubst du doch selbst nicht! Hast du keine Augen im Kopf? Reiß dich zusammen! Geh in dein Zimmer! Schluss jetzt! Feierabend! Schrei nicht so! Jetzt komm endlich! Keine Widerrede!*

Die meisten Erwachsenen kennen solche Sätze aus ihrer Kindheit, und sie waren verletzend, denn die Botschaft dahinter ist: Sei anders! Verhalte dich anders! So bist du nicht richtig! Es ist schmerzhaft, verkehrt gemacht zu werden und schuldig gesprochen zu werden.

Asozial

Eine Mutter schreit ihre siebenjährige Tochter an, weil diese ihre Schminke benutzt hat. Sie packt die Tochter am Arm und zerrt sie hinter sich her ins Bad. „Wie asozial ist das denn? Ich kann jetzt meine ganze Schminke wegwerfen. Du bist so asozial.“ Schon während sie es sagt, weiß sie, wie verletzend ihre Worte sind, und dennoch kann sie sich nicht stoppen. Als sie dann in das Gesicht ihrer Tochter schaut, sieht sie, was sie angerichtet hat, und schämt sich.

Wenn wir andere verletzt haben, ist Scham ein ganz natürliches und der Situation angemessenes Gefühl. Die Fähigkeit, Scham zu empfinden, steuert uns, um gut mit anderen zusammen leben zu können und deren Grenzen zu wahren, und wenn wir das nicht geschafft haben, stellt sich Scham ein. Die Scham ist ebenso wie Wut ein Gefühl, dass gefühlt werden will, damit wir einen Handlungsbedarf wahrnehmen. Bei Wut geht es darum, unsere eigenen Grenzen und Bedürfnisse zu wahren, bei Scham darum, dass wir Grenzen anderer nicht gewahrt haben. Eine sinnvolle

Handlung wäre bei Scham, die Verantwortung für das eigene Verhalten zu übernehmen und zu sagen, dass es uns leidtut, und auch daran zu arbeiten, wie wir zukünftig anders reagieren können.

Diese Scham könnte verschwinden, wenn wir ins Handeln gekommen sind, denn dann hat sie ihre Aufgabe erfüllt. Doch noch Wochen und Monate danach quälen wir uns selbst mit diesen Gedanken. Wenn Gefühle, Gedanken oder Handlungen der Situation nicht angemessen sind, ist es meistens etwas Altes.

Für Scham, die im Heute entsteht, können wir Verantwortung übernehmen und zukunftsgerichtet unser Verhalten verändern. Alte Scham ist durch Beschämung in Kindertagen entstanden und lässt sich nur schwer abschütteln. Sie ist das Echo aus unserer Kindheit aus längst vergangenen Blicken und Worten. So wie wir betrachtet wurden, betrachten wir uns heute oft noch selbst. Diese selbstabwertenden inneren Monologe von Eltern sind bisweilen wirklich gruselig, das kenne ich aus eigener Erfahrung. So bindet uns Schuld mit ihrem zentnerschweren Gepäck an die Vergangenheit, Verantwortung jedoch führt uns in die Zukunft.

Wir alle wollen diesen alten Schmerz der Beschämung nicht mehr erleben, aus reinem gesundem Selbstschutz heraus, und deshalb kann es sein, dass wir es uns nicht so richtig anschauen wollen, wenn es einem Kind nicht gut geht, denn dann leuchtet sofort die rote „Du bist schuld“-Lampe in uns auf.

Eine Mutter sagte, angenommen ein Vater verprügelt regelmäßig seinen Sohn, dann ist er doch klar schuld daran, dass es dem Sohn schlecht geht, oder nicht? Ich weiß, es ist in diesem Punkt nicht ganz einfach, zu glauben, dass Eltern nicht schuld sind, deshalb möchte ich etwas dazu schreiben, denn vor zwanzig Jahren wäre ich selbst von der Schuld dieses Vaters überzeugt gewesen.

Wenn der Vater seinen Sohn schlägt, wie kommt es dazu? Seine Beziehungsgestaltung im heute hat ihre Wurzeln in einer Zeit, in der er selbst ein Kind war. Viele der in uns angelegten Verhaltensmuster waren „im Kasten", bis wir zwei Jahre alt waren. Diese Verhaltensmuster, also was wir tun, wenn wir in Stress geraten, wenn wir überfordert sind, wenn wir uns alleingelassen fühlen und so weiter, sind gespeichert auf unserer unbewussten mittleren limbischen Ebene im Gehirn. C. G. Jung hat einmal gesagt: „Das Verflixte am Unbewussten ist, dass es *wirklich* unbewusst ist."

Wenn er ihn schlägt, dann wirken in ihm unbewusste und früh angelegte Verhaltensmuster, und diese entziehen sich gerade in Stresssituationen unserem rationalen Einfluss. Mit reiner Willenskraft ist da nicht viel zu machen. Das ist bei kleinen Dingen so (das Kind anschreien) genauso wie bei heftigeren Dingen (das Kind schlagen). Häufig begehen wir den Gedankenirrtum zu glauben: „Jeder schreit vielleicht mal rum, doch zuschlagen ist etwas ganz anderes." Doch beides ist Verhalten, nur in einer anderen Ausprägung, gesteuert durch unterschiedliche Erfahrungen. Sein Schlagen ist also eine Lernleistung, dieses

Muster hat er in seiner Kindheit gelernt. Aggression ist angeboren, doch was wir tun, wenn wir Aggression empfinden, wird erlernt.

Was auf gar keinen Fall heißen soll, dass vierjährige Kinder beißen, kratzen oder treten, weil sie es so von ihren Eltern gelernt haben. Hier ist es vielmehr so, dass sie entwicklungsbedingt noch nicht genügend Selbstwahrnehmung und Selbststeuerung haben.

Das Beispiel des Vaters ist relativ einfach, doch es geht noch weiter. Als wir im Kurs über Gleichwürdigkeit gesprochen haben, fragte eine Mutter: „Also, wenn ich fies zu meinem Mann bin, hat es auch Nachteile für meine Tochter, richtig?“ Ja, genauso ist es. Denn auf diese Weise weiß auch die Tochter: Beim kleinsten Fehltritt kann man verkehrt gemacht werden, und dieses Muster wird sie auch in ihr eigenes Verhaltensrepertoire einbauen und lernen, sich und andere abzuwerten.

All das wünscht die Mutter sich für ihre Tochter selbstverständlich nicht. Jetzt, wo es ihr bewusst ist, kann sie sich auf den Weg machen und ihr eigenes Verhalten verändern. „Hätte ich das doch früher gewusst!“, meinte diese Mutter mit Bedauern. Ein Vater meinte: „Du hättest es auch erst mit Achtzig sehen könnt, jetzt hast du fünfzig Jahre Vorsprung.“ Vieles ist uns jedoch nicht bewusst, und wir können es deshalb auch nicht verändern.

Der Teufel

Eine Frau lebte als Kind in einer Familie, in der ihr Bruder von der Mutter „verteufelt" wurde: „Nimm dir ein Beispiel an deiner Schwester, die ist nicht so egoistisch wie du." „Jungs sind eine Landplage." „Du bist ein richtiger Teufel." Die Botschaft an den Bruder war: Du bist verkehrt und bösartig, deine Schwester ist lieb und richtig. Als Erwachsene brach sie den Kontakt zur Mutter ab. Als sie schwanger wurde und erfuhr, dass ihr Kind ein Junge ist, wurde sie innerlich sehr unruhig. Als das Kind sich im Bauch streckte und seine kleinen Füßchen gegen die Bauchdecke stemmte, war sie sehr erschrocken über sich selbst. Denn sie fühlte sich von ihrem eigenen ungeborenen Sohn angegriffen: „Der geht jetzt schon gegen mich vor!" Da wurde ihr klar, dass sie diese tief angelegten Muster immer noch in sich trug.

Selbst wenn wir schon viele Jahre keinen Kontakt mehr zu unseren eigenen Eltern haben, wirken deren Muster in uns weiter. Die meisten Themen dieser transgenerationalen Weitergabe von Mustern und auch von Traumata sind uns nicht bewusst. Wir beginnen gerade erst zu verstehen, in welcher Tiefe und wie weitreichend diese verborgenen Einflüsse auf unser Denken, Fühlen und Handeln sind.

In Roman Polańskis Film „Tanz der Vampire" wird diese Dynamik filmisch umgesetzt. Professor Ambrosius meint, die blutsaugenden Vampire für immer hinter sich gelassen zu haben, indem er das Schloss der Vampire verlässt. Er fährt mit seinem Schlitten durch die Nacht davon, doch von ihm unbemerkt hängen immer noch einige Vampire am Schlitten: *„In jener Nacht, auf der Flucht aus den Südkarpaten, wusste Professor Ambrosius noch nicht, dass er das Böse, das er für immer zu vernichten hoffte, mit sich schleppte. Mit seiner Hilfe konnte es sich endlich über die ganze Welt ausbreiten."*

Die Vampire, die destruktiven Beziehungsmuster unserer Kindheit, hängen, von uns meist unbemerkt, immer noch am Schlitten, selbst wenn wir längst aus dem Elternhaus ausgezogen sind.

Ich habe deshalb so viel darüber geschrieben, weil es mir wirklich wichtig ist, deutlich zu machen: Eltern sind nicht schuld, wenn es ihrem Kind nicht gut geht. In uns allen wirken unbewusste Muster und Dynamiken, für die wir uns nicht entschieden haben. Wir haben sie in unser Gehirn eingebaut, ebenso wie wir die uns angebotene Nahrung in unseren Körper eingebaut haben. Wir hatten nicht die Wahl, welche Muster wir einbauen, und vieles davon liegt in so tief verborgenen, unsichtbaren Schichten. Selbst wenn wir wachsam und bereit sind, jeden Vampir vom Schlitten zu trennen – alle können wir nicht schaffen. Es ist einfach nicht möglich, alles zu bearbeiten und aufzulösen, auch weil uns viele Muster erst bewusst werden, wenn wir Eltern werden, und erst dann können wir anfangen, daran etwas zu verändern.

Was wir jetzt tun können, ist, zu schauen, ob es allen in der Familie gut geht, und wenn das nicht der Fall ist, versuchen, zu verstehen, was los ist, und Schritte der Veränderung zu gehen.

Die Bereitschaft von Eltern heute, hinzuschauen, die Verantwortung dafür zu übernehmen und auch etwas zu verändern, ist eine so wichtige Qualität, die Eltern in den letzten Jahren entwickelt haben. Bis vor ein paar Jahrzehnten wurden die allermeisten Kinder noch in die Therapie geschleift, weil die Erwachsenen glaubten, etwas mit dem Kind stimme nicht. Doch immer mehr Eltern erkennen die Botschaft hinter dem Verhalten ihrer Kinder an, und das ist ein riesiger Meilenstein in der Entwicklung einer neuen, gesünderen Beziehungsgestaltung von Seiten der Eltern mit ihren Kindern, und letztlich auch zu sich selbst. Das ist einer der Gründe, warum ich so gerne mit Eltern zusammenarbeite. Ich bin immer wieder aufs Neue beeindruckt und berührt von deren Mut und ihrer Bereitschaft, hinzuschauen und etwas an ihrem eigenen Verhalten zu verändern.

Wo brennt es?

Natürlich ist es notwendig, dieser Frage auf der individuellen Ebene der eigenen Familie nachzugehen. Doch weil es kein Einzelphänomen ist – man braucht nur einen Vormittag in einer Schulklasse oder in einer Kindergartengruppe zu verbringen, um das zu erleben –, gehe ich von einem wesentlichen gesellschaftlichen Anteil aus, der sich auf Familien auswirkt. Deshalb möchte ich zunächst schauen, was auf gesellschaftlicher Ebene los ist.

Nach vielen Überlegungen und Nachforschungen, nach Gesprächen mit verschiedenen Fachleuten, bin ich zu dem Schluss gelangt: Kinder bekommen in unserer Gesellschaft heute nicht mehr ausreichend das, was sie für ihre Entwicklung und ihre Reifeprozesse brauchen. Der Spagat zwischen dem, was Kinder seit Hunderttausenden von Jahren für ihre Entwicklung brauchen, und dem, was wir ihnen heute gesellschaftlich anbieten, ist so groß geworden, dass sie es nicht länger mitmachen können. Die biologische Evolution kann mit unserer kulturellen Evolution nicht Schritt halten. Ich glaube, das ist der Kern der Not der Kinder.

Kinder kommen in allen möglichen Umwelten zurecht, man muss sich nur mal auf der Erde umschauen. Ein Kind im Kongo wächst ganz anders auf als ein Kind in New York oder in Grönland. Kinder sind unglaublich anpassungsfähig an ihre kulturellen Umgebungsbedingungen und Herausforderungen. Diese Flexibilität ist eine Spezialfähigkeit von Kindern, die es ihnen ermöglicht, in so verschiedenen Umgebungen aufzuwachsen und dort ihre Potenziale voll entfalten zu können. Leben war seit Menschengedenken absolut herausfordernd, und an diesen Herausforderungen wachsen Kinder. Sonst würde wohl kaum ein Mensch laufen lernen, denn es ist wirklich schwierig, einen so großen Kopf auf so kleinen Füßen zu balancieren.

Eine Matratze auf dem Boden

Ein sechsjähriger Junge, der im Kongo lebt, zeigt seinem deutschen Besucher stolz seinen Platz im Haus: Es ist eine Matratze, die er im Waschraum herunterklap-

pen kann. Seine Aufgabe in der Familie ist es, jeden Tag frisches Wasser für die ganze Familie zu holen. Dieses Wasser holt er aus dem nah gelegenen Fluss und transportiert es in einem Eimer auf seinem Kopf. Schwimmen kann er nicht.

Dieser Junge ist stolz, einen wichtigen Beitrag für die Familie zu leisten, und er hat gute Überlebenskompetenzen entwickelt. Doch ist das zumutbar? Wenn wir uns in der Welt umschauen, sehen wir viele Kinder, die selbst unter scheinbar heftigen Anforderungen gut gedeihen.

Damit Kinder sich in diesen unterschiedlichsten Umwelten und unter verschiedensten Herausforderungen gut entwickeln können, müssen ihre essentiellen Bedürfnisse erfüllt sein. Neben physischen Dingen wie etwa Nahrung und Behausung gehören dazu auch essentielle psychische Grundbedürfnisse wie Sicherheit und Kontakt, ebenso das Gefühl, ein wertvoller Teil der Gemeinschaft zu sein, Ruhe und auch Freiheit. Diese Grundbedürfnisse sind nicht verhandelbar.

Doch in unserer modernen Gesellschaft sind Kinder in diesen essentiellen psychischen Bedürfnissen nicht mehr gut versorgt und deshalb sehr herausgefordert. Sie bekommen nicht in ausreichendem Maße, was sie für ihre Entwicklung brauchen. Es ist ein bisschen so wie beim Bergsteigen: Wenn die Luft zu dünn wird, haben wir nicht unser volles Potenzial zur Verfügung. Wir schnaufen und kommen nur sehr langsam voran, obwohl wir kerngesund sind und alles geben.

Was brauchen Kinder, und worin sind Kinder in unserer Gesellschaft unterversorgt? Hier gibt es viele unterschiedliche Puzzleteile, die Kinder unterschiedlich stark betreffen. Drei davon möchte ich im Besonderen aufzeigen: Kontakt, Ruhe und Freiheit.

Kontakt

Das Wort Kontakt leitet sich ab vom lateinischen „contingere“ und bedeutet „berühren“. Diese Berührungen brauchen alle Menschen und besonders Kinder. Dabei geht es um äußeren Kontakt (Körperkontakt) und auch inneren Kontakt, der unter anderem durch Worte oder Blicke entsteht.

Körperliche Nähe und Berührungen sind essentiell für die Entwicklung von Kindern. Doch viele Kinder sind heute „unterkuschelt“, wir meistens auch. Wenn man sich den Alltag vieler Familien heute anschaut, sieht man, wie wenig Körperkontakt es gibt, doch dieser ist so essentiell wie Atmen, Essen und Trinken. Säuglinge, die kaum Berührungen erfahren, sterben. Diese Erkenntnis war auch die wichtigste Innovation bei der Begleitung von zu früh geborenen Kindern.

Der zweijährige Ole wird von seiner Mutter aus der Krippe abgeholt. Als sie vor der Türe stehen, schnappt sie sich Ole, nimmt ihn fest in die Arme und gibt ihm einen dicken Kuss auf die Wange, was Ole sehr zu genießen scheint.

Wie alle brauchen Körperkontakt, deshalb finden wir ihn schön. Angenehme Gefühle, Freude und Lust leiten uns hin zu dem, was uns guttut. Kinder sind körperliche Wesen, sie brauchen einfach Körperkontakt.

Körperliche Wesen

Eine Mutter aus meinem Elternkurs hatte mich auf dem Spielplatz mit meiner zweijährigen Tochter beobachtet. Bei unserem nächsten Elterntreffen sagte sie, was sie daran am meisten erstaunt hätte, wäre zu beobachten, wie oft wir beim Reden, Spielen und Quatschmachen im Körperkontakt gewesen seien. Denn wir würden im Kurs sehr viel über die intellektuelle Ebene reden, über Ich-Botschaften, gleichwürdige Beziehungsgestaltung und Dialog, und das jetzt so zu beobachten, was ich mit „Kinder sind körperliche Wesen" meinen würde, wäre für sie ein echtes Aha-Erlebnis gewesen.

Doch wie kann man im Körperkontakt beim Abendessen sein, wenn man das Kind nicht auf dem Schoß sitzen haben will? Vielleicht inspiriert das nächste Beispiel zu eigenen Ideen:

Das Füßchen

Ein achtzehn Monate altes Mädchen sitzt im Hochstuhl und legt beim Essen seinen Fuß auf den Tisch. Die Mutter schnappt sich den Fuß und drückt ihn ein wenig. Sie fragt belustigt: „Was macht dieses Füßchen denn auf dem Tisch?" Das Kind kichert und stellt den Fuß unter den Tisch. Nach kurzer Zeit ist das Füßchen wieder auf dem Tisch. „Füßchen, was machst du denn hier?" Die Mutter zieht das Füßchen in Richtung Kakaobecher und fragt: „Willst du etwa Kakao trinken?", und sie macht schlürfende Geräusche und tut so, als ob das Füßchen den Kakao trinken würde. Auf diese Weise spielen Mutter und Tochter eine ganze Weile.

Ich glaube, wir Erwachsenen nehmen das mit der Erziehung ein bisschen zu ernst und uns damit eine Menge Freude. Manchmal taucht bei diesem Beispiel die Angst auf, das Kind würde auf diese Weise nicht lernen, „anständig“ am Tisch zu sitzen, wenn die Mutter das auch noch witzig findet. Doch Kinder machen uns wirklich alles nach, und solange wir die Füße nicht auf dem Tisch haben, werden sie früher oder später genauso „anständig“ am Tisch sitzen wie wir selbst.

Kinder brauchen Körperkontakt, je jünger, desto mehr. Dieses gemeinsame Quatschmachen, Fangen und Festhalten, Kuscheln, Raufen ... All diese Dinge brauchen Kinder. Durch das Drücken und Berühren der Haut werden genügend Wachstumshormone für ihre Hirnentwicklung ausgeschüttet. Es ist wirklich ein ganz basales, essentielles körperliches Bedürfnis. Kinder brauchen das für ihre Entwicklung genauso wie genügend Eiweiß oder Sauerstoff. Fehlt Menschen Körperkontakt, hat das ernsthafte Auswirkungen auf ihre Psyche und ihre körperliche Gesundheit. Die Studien darüber sind eindeutig, doch unser heutiger Lebenswandel für dazu, dass wir meist zu wenig davon haben. In den seltensten Fällen werden wir mit Arbeitskolleginnen und -kollegen in der Mittagspause kuscheln, und auch Kinder in Betreuungseinrichtungen haben mit den Fachleuten meist viel weniger Körperkontakt als mit ihren Eltern. So banal es klingen mag, das ist einer der Faktoren, warum Kinder heute in unserer Gesellschaft unterversorgt sind. Sie sind einfach „unterkuschelt".

Auch im Innen brauchen wir Kontakt, und auch hier bekommen Kinder oft nicht mehr genügend davon. Jesper Juuls Buch „Grenzen, Nähe, Respekt" hat im dänischen Original den Titel: „Her er jeg! Hvem er du?", das heißt übersetzt: „Ich bin hier! Wer bist du?" Er hat damit auf den Punkt gebracht, worum es geht: Wenn ich zeige, wer ich bin, wie es mir geht, was ich will und was nicht, und mich gleichzeitig dafür interessiere, wie die Innenwelt meines Gegenübers aussieht, dann entsteht Kontakt. Doch auch von diesem inneren Kontakt bekommen Kinder heute oft nicht mehr genug. Einer der Gründe dafür ist eine grundlegende Veränderung in unserer Gesellschaft, die sich auch auf das Erziehungsverhalten von Eltern auswirkt.

„Früher gab es klare Vorstellungen darüber, was richtig und was falsch ist. Heute nicht mehr. Sie müssen ihre Werte selbst definieren. Eltern stehen heute vor der historisch einmaligen Aufgabe, Erziehung neu definieren zu dürfen und zu müssen."

Jesper Juul

Diese Veränderung führt zuweilen dazu, dass Eltern verunsichert sind in ihrem Erziehungsverhalten. Diese klaren Leitlinien in der Gesellschaft, wie Kinder zu erziehen waren, spiegeln sich in den Sätzen wider, die wir als Kinder gehört haben.

Kinder soll man sehen, aber nicht hören! Es wird gegessen, was auf den Tisch kommt! Keine Widerrede! Das ist nichts für Kinder! Hier gibt's keine Extrawurst! Ich sag's dem Papa! Was sollen denn die Leute denken? Solange du deine Füße unter meinen Tisch stellst ... Deine Kommentare kannst du dir sparen! Gleich gibt's ein Donnerwetter! Antworte gefälligst, wenn ich dich was frage!

Früher benutzten viele Erwachsene die Angst der Kinder, um sie zum Gehorchen zu bringen: Angst vor Strafen, vor Abwertung oder Beschämung: *„Wenn du jetzt nicht ausmachst, gibt es die ganze Woche kein Fernsehen! Wie dumm bist du eigentlich? Du benimmst dich wie ein Baby!"* Wahlweise nutzte man auch die Abhängigkeit der Kinder aus: *„Wenn du aufgegessen hast, gibt es Nachtisch für dich."*

Heute spüren viele Erwachsene genau, dass die Säulen Angst und Abhängigkeit Kinder und Beziehungen beschädigen, und entscheiden sich dafür, neue Wege zu suchen. Das Alte wollen wir nicht mehr, das Neue ist noch nicht differenziert entwickelt. Wie bei allen neuen Wegen stellt sich Verunsicherung ein. Das ist ein großes Qualitätsmerkmal, weil wir auf diese Weise vorsichtig und umsichtig sind, um nicht in die falsche Richtung zu laufen. Aus dieser Vorsicht heraus kann es passieren, dass Kinder heute nicht mehr genügend Führung (und damit Kontakt) bekommen.

Das Lied

In einer Pizzeria nahm eine Familie mit einem vielleicht vierjährigen Mädchen Platz. Das Mädchen legte fest, wo wer sitzen durfte. Anschließend verhandelte sie über ihr Getränk, sie bekam eine große Fanta. Der Vater wollte das Besteck schon auswickeln, das erlaubt sie jedoch nicht, er ließ es sein. Schließlich sagte die Tochter: „Mama, sing das Lied!" Die Mutter meinte, es sei ein Restaurant, man dürfe hier nicht singen. Die Vierjährige beharrte: „Sing das Lied!" Leise begann die Mutter zu singen: „Imse bimse Spinne, wie lang dein Faden ist …" Das Mädchen war unzufrieden und sagte: „Sing lauter!", und die Mutter sang etwas lauter, als endlich die Fanta gebracht wurde.

Wenn Eltern die Führung nicht übernehmen, „expandieren" Kinder in ihrem Verhalten und versuchen so, in Kontakt mit dem Innenleben ihrer Eltern zu kommen, als wollten sie fragen: „Wer bist du wirklich?" Wie sollen Kinder lernen, sich einzufühlen und Grenzen zu wahren, wenn Erwachsene sich in ihren Gefühlen nicht zeigen und ihre eigenen Grenzen nicht deutlich machen? Katharina Großmann-Hensel hat das in dem Bilderbuch „Eltern richtig erziehen" gezeichnet und beschrieben.

Sicherlich ist es schwer, in einem Restaurant die Blicke der anderen auszuhalten, wenn man die Führung übernimmt, denn Kinder sind ja oft mit unserem Bestimmen nicht einverstanden. „Ich will an diesem kleinen Tisch sitzen, weil wir sonst mehr Plätze besetzen, als wir brauchen." Für Kinder, die noch keinen vollständigen Perspektivwechsel übernehmen können, ist das ja eine verrückte Idee. Wieso sollen sie an einen kleinen Tisch sitzen? Ihre Frustration äußern Kinder in diesem Alter oft laut, was dazu führt, dass Eltern ihre Kinder im öffentlichen Raum manchmal lieber nicht frustrieren wollen. Denn es gibt so viele Schimpfwörter für Eltern: Rasenmäher-Eltern, Helikopter-Eltern, Zirkus-Eltern ... Man kann damit schon „Stadt, Land, Fluss" spielen. Deshalb möchte ich Eltern an dieser Stelle sagen: Hört nicht hin, und lasst solche Worte nicht in euer Herz.

Das Theater

Als meine Tochter drei Jahre alt war, brach sie an der Kasse in Tränen aus, weil die Kassiererin „ihren" Joghurt nahm, um ihn einzuscannen. Ich habe sie gefragt: „Soll ich dich mal auf den Arm nehmen?", und mit einem jämmerlichen „Jahaaa" hat sie mir ihre Arme entgegengestreckt. Als ich sie auf den Arm nahm, meinte eine Frau hinter mir: „Jetzt wird die auch noch belohnt für das Theater." Ich hatte einen guten Tag und habe zu ihr gesagt: „Ich will von Ihnen nicht beurteilt werden."

Die Intention dieser Frau war vermutlich, sich richtig fühlen zu wollen. Viele Menschen können es nicht aushalten, wenn andere Menschen sich anders verhalten als sie selbst, weil sie sich dann verkehrt fühlen. Das liegt daran, dass viele Menschen mit ihrer Meinung identifiziert sind. Und wenn jemand einen anderen Standpunkt oder eine andere Meinung hat, fühlen sie sich persönlich angegriffen. Es könnte also sein, dass diese Frau ihr Bedürfnis, sich richtig zu fühlen, ausagiert hat, indem sie gegen mich vorging. Und wenn ich gut drauf bin, steige ich in ihr System der Abwertung zur eigenen Aufwertung nicht ein und schieße nicht zurück, sondern grenze mich freundlich ab.

Wenn Eltern wie im Restaurantbeispiel ihre Grenzen nicht zeigen, gibt es viele Gründe dafür. Neben der Angst vor abwertenden Blicken und Kommentaren sind Eltern manchmal unsicher, ob sie durch ihr Bestimmen die Grenzen ihrer Kinder verletzen.

Eine Mutter fragte, ob sie wirklich über den Medienkonsum ihrer Kinder (fünf und acht Jahre alt) bestimmen dürfe, denn sie selbst würde ja auch so viel schauen, wie sie will, da sei es ja unfair, wenn sie die Kinder beschränke.

Die Mutter einer zweijährigen Tochter fragte, ob es nicht übergriffig sei, ihrer Tochter das scharfe Messer einfach aus der Hand zu nehmen, wenn sie es auf ihre Bitte hin nicht von selbst wieder weglegt.

Ein Vater fragte sich, ob es in Ordnung sei, dass er seinem fünfjährigen Sohn verbiete, in seinem (geliebten) Auto zu essen, oder ob er sich da eher zurücknehmen und den Dreck einfach akzeptieren solle.

Natürlich haben Eltern Macht, und es ist aus meiner Sicht eine sehr gute Idee, diese zum Schutze der Kinder oder zum Schutze der eigenen Grenzen auch einzusetzen. Denn Kinder können zum Teil Gefahren nicht erkennen oder einschätzen (wie bei dem Messer), auch besitzen sie oft noch nicht genug Selbststeuerung (beim Thema digitale Medien), und sie können unsere Grenzen nur erkennen, wenn wir sie zeigen (wie beim Essen im Auto). Es geht darum, den Bedürfnissen des Kindes Rechnung zu tragen, ohne die eigenen zu verleugnen. Bei der Entwicklung eines neuen Führungsstils fehlt zuweilen noch das Ernstnehmen und Einfordern unsere eigenen individuellen Grenzen und Bedürfnisse, weil Eltern hier manchmal etwas zu vorsichtig sind. Und das ist ja sehr verständlich, denn wenn man einen autoritären Führungsstil ersetzen will, überprüft man sehr genau, ob man nicht vielleicht zu autoritär ist. Ein gutes Gespür dafür zu entwickeln, was autoritär und was authentisch ist, braucht eben ein bisschen Übung und Erfahrung.

Manchmal haben Eltern keine Energie, diese Konflikte auszuhalten, und erlauben für ein bisschen Ruhe mehr, als sie eigentlich selbst gut finden. „Darf ich noch eine Folge gucken?“ Die Antwort „na gut“ kann reine Selbstfürsorge sein. Und manchmal kommt auch noch ein schlechtes Gewissen hinzu oder der Gedanke, die begrenzte gemeinsame Zeit nicht mit Konflikten überschatten zu wollen.

Das schlechte Gewissen

Eine Mutter von zwei Töchtern (drei und sechs Jahre alt) hat gesagt: „Wenn ich beide aus dem Kindergarten abgeholt habe, waren sie ja den ganzen Tag betreut. Dann will ich die gemeinsame Zeit nicht auch noch mit einkaufen oder aufräumen verschwenden, deshalb versuche ich, dann noch etwas Tolles zu machen, auch wenn ich eigentlich keine Energie mehr dafür habe.“

Vieles kann dazu führen, dass Eltern ihre eigenen Grenzen, Bedürfnisse und Gedanken nicht deutlich zeigen und damit weniger Führung anbieten, als Kinder brauchen. Auf diese Weise können Kinder jedoch nicht spüren, wo ihre Eltern stehen, was sie denken, fühlen und wollen. Dieser Mangel an innerem Kontakt schränkt die gesunde Entwicklung von Kindern ein.

Ein weiterer Faktor, der inneren Kontakt einschränkt, ist unsere Handynutzung. Das klingt vielleicht zunächst einmal „popelig klein“, doch ich denke, es hat einen größeren Einfluss, als es zunächst scheint. Wenn wir im digitalen Paralleluniversum sind, sind wir zwar sichtbar, und doch nicht anwesend. Sicherlich haben Eltern noch nie so viel Zeit mit ihren Kindern verbracht wie heute. Doch wenn Eltern tatsächlich faktisch weg sind, suchen Kinder sich einfach andere Kontaktpartner und nähren sich auf andere Weise. Wenn Eltern jedoch sichtbar und dennoch abwesend sind, können Kinder das nicht begreifen. Sie versuchen dann, sich durch diesen Pseudokontakt zu nähren. Es ist ein bisschen wie Süßstoff, es schmeckt irgendwie süß, aber Kalorien liefert er keine.

Eines der Probleme für Babys, die durch häufige elterliche Handynutzung entsteht, ist das „Silent Face“-Problem. Sind Eltern am Handy, „friert“ ihr Gesichtsausdruck ein, das Baby kann darin nichts mehr lesen. Es sieht zwar die Eltern, doch diese reagieren nicht mehr auf Kontaktversuche, die Folge ist Stress. Unfälle auf Spielplätzen nehmen statistisch zu, auch weil Eltern medial abgelenkt sind. Für ältere Kinder hat es auch Auswirkungen: Ich hatte von einer Untersuchung gelesen, wonach die Gesprächsqualität bereits sinkt, wenn das Handy ausgeschaltet auf dem Tisch liegt. Das konnte ich nicht glauben und habe einen Selbstversuch gestartet, und habe beim gemeinsamen Essen mein Handy auf den Tisch gelegt. Meine Gedanken sind immer wieder zu diesem kleinen Gerät gewandert. Ich fragte mich, ob meine Freundin auf die WhatsApp schon geantwortet hat, wie das Wetter wird oder ob der Müll rausgestellt werden muss. Ich habe gemerkt, wie viel Aufmerksamkeit abgezweigt wurde, ohne dass es mir bewusst war. Und da Aufmerksamkeit beschränkt ist, konkurrieren Kinder mit unserem Handy um Aufmerksamkeit.

Ich weiß, das ist nicht so leicht zu lesen, und wir geraten dann leicht in eine Verteidigungshaltung: „Ich bin gar nicht so oft am Handy ...“ Auch hier, es geht nicht darum, uns Große an den Pranger zu stellen. Es geht um das Anregen eigener Gedanken: Bin ich genügend im „im Hier und Jetzt“, wenn ich mit meinem Kind zusammen Zeit verbringe, oder leidet unsere Beziehung unter meiner Handynutzung? Könnte mein Kind zu dem Schluss kommen, mein Handy ist wichtiger als es selbst?

Und jetzt wird es vielleicht noch etwas schwerer, weiter zu lesen, denn auch die Betreuung der unter Zweijährigen, wie sie derzeit in Deutschland (und in vielen anderen Ländern) praktiziert wird, erzeugt Stress bei Kindern, denn auch sie ist eine Ursache für weniger Kontakt. Nicht die frühe Fremdbetreuung an sich ist das Problem, denn wir Menschen sind definitiv eine gemeinschaftlich aufziehende Art. Menschenbabys werden so unreif geboren, es braucht ein ganzes Dorf, um sie aufzuziehen. Das hat sich sehr bewährt, es gibt uns immer noch. Nicht zuletzt deshalb sind wir besonders empathische Wesen geworden, weil wir uns auch in fremde Babys eindenken und einfühlen mussten.

Nicht die frühe Fremdbetreuung ist das Problem, sondern der Betreuungsschlüssel: Ein Kind benötigt im ersten Lebensjahr einen Betreuungsschlüssel von 1 zu 2 (ein Erwachsener betreut zwei Babys), um genügend Resonanzprozesse für die Hirnentwicklung zu bekommen; im zweiten Lebensjahr von 1 zu 3 (ein Erwachsener betreut drei Kleinkinder). Auf diese Weise bekommen Kinder genügend eins zu eins Situationen, in denen sich ein Erwachsener beim Reden, Spielen oder Wickeln und besonders, wenn ein Baby oder Kleinkind in der emotionalen Übererregung ist, voll und ganz diesem Kind widmen kann. Diese benötigten Resonanzprozesse können nur durch Erwachsene hergestellt werden, denn es braucht ein voll entwickeltes System des Perspektivwechsels, um sich in die Bedürfnisse und Rückmeldungen des Kindes einzufühlen, einzudenken und dann dementsprechend feinfühlig und angemessen darauf zu reagieren. Deshalb können andere Kinder in der Betreuungsgruppe kein Ersatz dafür sein. Joachim Bauer beschreibt in seinem Buch „Wie wir werden, wer wir sind" diese Zusammenhänge aus neurobiologischer Sicht sehr klar (auch wenn ich mit seinen pädagogischen Ansichten nicht einverstanden bin).

Ein derartiger Betreuungsschlüssel ist in den allermeisten Krippen nicht zu finden. Wenn es gut läuft, liegt der Betreuungsschlüssel bei 1 zu 6. Nicht wenige Fachkräfte sind dadurch am Rande dessen, was sie leisten können, auch emotional, denn sie erleben täglich die Not der Kinder durch diese Art der Betreuung. Oft betreuen sie sogar mehr Kinder, als rechtlich erlaubt ist. Ich habe mich mit vielen Fachkräften unterhalten, und frage mich, warum sie das mitmachen. *„Sonst müssen wir die Krippe schließen, und die Eltern können nicht arbeiten gehen“*, war die Begründung einer Fachkraft dafür. Damit stellt sie das Wohl der Eltern über ihr eigenes. Aus meiner Sicht ist ein solches Verhalten auch die Folge der Gehorsamskultur: Systematisch das Wohl der anderen über das eigene zu stellen, auch wenn die eigenen Kosten extrem hoch sind.

Auch die Folgen, die für die Kinder aus diesem Betreuungsschlüssel resultieren, sind erheblich. Denn haben Kinder zu wenig von diesen eins zu eins Resonanzprozessen, löst das die Ausschüttung von Stresshormonen aus. Es wird vermutet, dass ein hoher Level an Stresshormonen in früher Kindheit dazu führen kann, dass besonders junge Kinder mit langen Betreuungszeiten bei gleichzeitig unsicherer Bindung zu den Eltern ihr Leben lang hypersensitiv in Bezug auf Stress bleiben. Kleine Stressoren lösen dann große Stressreaktionen aus.

Aus einem Ping wird ein PONG

Zwei Kinder (vier und fünf Jahre alt) sitzen am Tisch und malen. Die Vierjährige berührt den Fünfjährigen am Ellbogen, dieser springt auf und schreit: „Die hat mich geschlagen!“, sein Stuhl kippt dabei um, fällt einem anderen Kind auf den Fuß, es entsteht Chaos in der Gruppe.

Selbst kleine Dinge wie Berührungen, Blicke, Geräusche, Veränderungen im Tagesablauf und so weiter führen dazu, dass einige Kinder sich sehr gestresst fühlen und entsprechend heftig auf scheinbar Nichtiges reagieren. Von außen ist kaum zu erkennen, warum das Kind so heftig reagiert, doch im Inneren des Kindes tobt ein Sturm von Stresshormonen. So wird aus einem kleinen Ping ein großes PONG. Erleben Kinder in früher Kindheit viel Stress, verarbeiten sie Stress anders, und ihr Stresssystem ist auf „hypersensitiv" eingestellt. Ihr Stresstoleranzfenster ist kleiner. Ein Vater sagte, es sei so, als habe sein siebenjähriger Sohn innerlich Neurodermitis. Schon Kleinigkeiten lösten bei ihm heftige Stressreaktionen aus. Diese physiologischen und neurobiologischen Veränderungen kann man bei Verena König „Bin ich traumatisiert?" und bei Gerhard Roth „Persönlichkeit, Entscheidung und Verhalten" nachlesen.

Wenn man sich in Kitas und Schulklassen umschaut, kann man diese ständige Unruhe, dieses zu viel an Stresshormonen im Blut sehen und hören. Adrenalin kann man nämlich hören. Es gibt so viel Unruhe, Streit und Stress im Klassenzimmer oder Kindergarten, dass es für mich immer wieder erstaunlich ist, wie Menschen, Kinder wie Erwachsene, das täglich aushalten. Das ist aus meiner Sicht Wahnsinn, und wir sollten hier dringend etwas verändern. Es ist keine gute Lern- und Lebensumgebung, egal wie kompetent und umsichtig die Fachleute versuchen, das zu managen. Für alle Kinder, herausgefordert oder nicht, ist es unglaublich anstrengend, für Erwachsene ebenso. Viele leiden, auch unter Kopfschmerzen durch Lärm, Unruhe und Stress.

Kinder erfahren durch diesen Betreuungsschlüssel außerdem zu wenig Co-Regulation. Sind Babys und Kleinkinder in emotionaler Not, brauchen sie, um sich wieder zu beruhigen und zu entspannen, Hilfe von Erwachsenen. Auch ältere Kinder brauchen zeitweilig eine solche Zuwendung, um wieder ins Gleichgewicht zu kommen. Durch feinfühlige Zuwendung lernt das Kind, sich mit der Zeit selbst zu regulieren. Erfahren Kinder eine solche Zuwendung nicht, können sie Selbstregulation nicht in ausreichendem Maße lernen.

Viele Fachleute haben den Eindruck, dass zunehmend mehr Grundschulkinder einer solchen Co-Regulation bedürfen, wie man es eigentlich bei jüngeren Kindern erwarten würde. Sie haben den Eindruck, diese Kinder brauchen hier ein „Nachreifen". Die gute Nachricht ist: Ein solches Nachreifen ist möglich, wenn Kinder ausreichend Co-Regulation erfahren. Auch wenn Fachleute um diesen Zusammenhang wissen, ist es oft nicht möglich, den Kindern gerecht zu werden, gerade wenn mehrere Kinder in einer Gruppe oder Klasse hier einen großen Nachholbedarf haben. Denn diese Art der Co-Regulation bedarf eines 1 zu 1 Kontaktes. Während dieser Zeit braucht ein Kind die volle Aufmerksamkeit eines Erwachsenen. Dabei kann es passieren, dass wiederum andere Kinder in Not geraten, weil der Erwachsene in diesem Moment mit seiner Aufmerksamkeit nicht für sie da sein kann. Viele Fachleute kennen diese Momente in Kindergruppen und Klassen. Ein Kind gerät in Not, und in kürzester Zeit bricht das Chaos los.

Ich weiß, das Thema Frühbetreuung kann bei Eltern sehr viel Stress auslösen. Zu hören, die Entscheidung, das Kind in eine Krippe zu geben, kann zu Stress bei Kindern führen, ist schwer auszuhalten. Dennoch halte ich es für wichtig, Eltern diese Fakten anzubieten, damit sie selbst entscheiden können, wie sie damit umgehen.

Es ist das Recht der Eltern, selbst zu entscheiden, und sie sollten das tun können, ohne verurteilt zu werden. Hier gibt es keine richtigen und falschen Wege. Denn jede Familie ist einzigartig, und jeder Familie tut etwas anderes gut. So gibt es Kinder, die mit achtzehn Monaten da stehen, als wollten sie sagen: „Hallo Welt, hier bin ich!“, und die kaum zu bremsen sind, wenn irgendwo viel los ist. Sie brennen morgens schon darauf, in die Kindergruppe zu gehen, und stürzen sich freudig ins Getümmel. Und es gibt Kinder, die sich im kleineren Rahmen wohler fühlen. Es gibt Eltern, die das Zusammensein mit ihren Kindern so sehr genießen, dass sie keine Sekunde davon verpassen wollen, und Eltern, die es eher ein bisschen langweilt, den ganzen Tag mit einem Baby oder Kleinkind zusammen zu sein. Auch die wirtschaftliche Lage einer Familie ist eine wesentliche und oft entscheidende Größe bei dieser Entscheidung, und es gibt viele weitere Faktoren. So gibt es auch derart überforderte Eltern, für deren Kinder es eine gute Atempause ist, wenn sie von Menschen betreut werden, die gut in der Lage sind, feinfühlig und empathisch auf sie einzugehen.

Jedes Kind, jede Mutter, jeder Vater ist anders und wunderbar! Richard von Weizsäcker hat mal gesagt: „Es ist normal, verschieden zu sein." Und ich denke, es ist wunderbar, verschieden zu sein. Menschen sehen so verschieden aus, und unser Innenleben ist genauso vielfältig. Das Bilderbuch „Alles Familie" von Alexandra Maxeiner und Anke Kuhl beschreibt diese bunte, lebendige Vielfalt von Familien. Die Vielfältigkeit in Familien ist riesig, keine Familie gleicht der anderen, deshalb kann es auch nicht den richtigen Weg geben, sondern es ist wichtig, herauszufinden, welcher Weg für die eigene Familie passend ist.

Es geschieht gar nicht so selten, dass Eltern über andere Eltern herziehen und diese abwerten. Eine Mutter sagte, die größte Feindin einer Mutter ist oft eine andere Mutter. Vielleicht ist das ein bisschen hart, doch ich erlebe diese gegenseitige Abwertung von Eltern untereinander auch. „Ach, du gibst deinem Kind ein Quetschi? Ich finde richtiges Obst ja besser." Das sind oft keine Meinungsäußerungen, sondern Verurteilungen.

Erst drei

Zwei Mütter unterhalten sich beim Abholen ihrer Kinder vor dem Kindergarten. Eine Mutter „fragt" die andere, ob sie ihre Tochter denn immer so spät abholen würde, sie sei doch erst drei, oder? Sie hätte ihren Sohn in diesem Alter niemals so lange in der Kita gelassen.

Das war aus meiner Sicht keine Frage, sondern ein Vorwurf. Der Subtext der gesprochenen Worte war: „Es ist nicht gut für deine dreijährige Tochter, wenn du sie erst so spät abholst. Was bist du denn für eine Mutter?" Eine echte Frage setzt Interesse an der Antwort des anderen voraus, doch hier sollte vermutlich eine versteckte Botschaft mit einer Frage getarnt werden. Ich denke, Solidarität unter Eltern wäre eine *richtig* gute Idee. Es geht darum, den eigenen Weg zu finden, anstatt die Wege der anderen schlecht zu machen. Wenn ich mit dem Fokus bei mir und meiner eigenen Familie bleibe, habe ich auch viel mehr Energie und Kraft für meinen eigenen Weg zur Verfügung.

Was wir dabei auch nicht unterschätzen sollten, ist die Wirkung, die unser Verhalten auf unsere Kinder hat. Wenn ich andere Eltern abwerte, setze ich in meiner Familie das System Abwertung, denn dann ist jedem klar, man kann auch selbst abgewertet werden. Wenn ich dagegen respektvoll mit anderen Lebensentwürfen und Meinungen umgehe, erfahren Kinder, wie ein Miteinander in Gemeinschaften gelingt.

Die frühe und lange Betreuung der Kinder ist politisch gewollt. Es gibt immer weniger zur Verfügung stehende Arbeitende, und bei angestrebter gleicher Wirtschaftskraft müssen so viele Menschen so lange wie möglich arbeiten. Dazu müssen Kinder früh betreut werden, damit beide Eltern wieder früh für den Arbeitsmarkt zur Verfügung stehen. Das ist gut für die Wirtschaft, ob es gut für die Eltern ist, ist unklar, doch für das Wohl der Kinder ist das System nicht gemacht. Das Bundesministerium für Familie, Senioren, Frauen und Jugend (man beachte die Reihenfolge, und wo bleiben da eigentlich die Männer?) betont die „frühen Chancen" der Frühbetreuung, ganz so, als ob ein

Kind die frühe Fremdbetreuung bräuchte, um den Anschluss nicht zu verpassen. Damit wird Eltern subtil die Angst vermittelt, etwas verpassen zu können.

Aus meiner Sicht verheizen wir dadurch die Kinder, sie zahlen den Preis dafür. Der unzureichende Betreuungsschlüssel tut vielen Kindern nachhaltig nicht gut und beeinträchtigt sie in ihrer Entwicklung. Einige Kinder können das besser tolerieren, andere leiden dagegen sehr.

In einer Betriebs-Krippe werden auch kranke Kinder betreut, damit Eltern die garantierten fünfzig Wochenstunden Betreuung in Anspruch nehmen können. Das stelle man sich mal für Erwachsene vor: Nicht nur fünfzig Wochenstunden zu arbeiten (und Betreuungszeiten sind ja Arbeitszeiten für Kinder), keinen garantierten Urlaub, und selbst dann zur Arbeit zu müssen, wenn man krank ist. Für Kinder dieser Einrichtung ist das teilweise alltägliche Realität.

Gaga

Eine Mutter, die in der DDR aufgewachsen ist, meinte, sie seien auch ganztägig betreut gewesen, von Baby an, und die Qualität dieser Betreuung sei mit Sicherheit auch sehr zweifelhaft gewesen. Wieso sind die Menschen, die so aufgewachsen sind, nicht alle völlig gaga?

Ja, Menschen sind doch sehr resilient und können eine ganze Menge ertragen. Und wenn man nicht gehört wird in seiner Not, ist es für ein Kind eine gute Überlebensstrategie, diese nicht weiter zu äußern, um Beziehungen nicht zu belasten und um die eigenen Energiereserven zu schonen. Kindern früher, egal ob in Ost oder West, wurde in der Regel nicht zugehört in ihrem Schmerz. *„Stell dich nicht so an. Da musst du durch. Mach nicht so ein Theater!“* Die Kinder haben schnell gelernt, wie zwecklos es ist, etwas über das eigene Erleben mitzuteilen, sie würden nur auf taube Ohren stoßen. Genauso funktioniert auch das Einschlafprogramm bei Säuglingen.

In den Zahlen psychisch erkrankter Menschen mit etwa Burnout, Depression oder Angststörungen, ebenso wie in den Zahlen der Alkoholtoten, spiegeln sich Kindheitsschäden wider. Insofern wage ich wirklich zu bezweifeln, dass diese Art der Betreuung nicht geschadet hat. Natürlich gibt es Menschen, die mehr Resilienz haben als andere und die gut damit zurechtkamen, doch es gibt genügend Menschen, die sehr darunter gelitten haben und heute noch leiden. Doch anders als bei geprügelten Menschen sind keine blauen Flecken sichtbar. Innere Verletzungen und innerer Mangel sind schwerer zu erkennen.

Hier kommt mir auch die Frage der Direktorin in den Sinn, wir hätten doch früher auch nicht so ein Tamtam gemacht. Ja, das stimmt. Wir haben früher nicht so ein Tamtam gemacht und sind einfach brav sitzen geblieben. Doch wieso haben wir das gemacht? Und hat es uns gutgetan? Vielleicht haben wir es gemacht, weil wir Angst vor Bestrafung hatten? Vielleicht fiel uns das Sitzen auch leichter, weil wir nicht so viel innere Unruhe verspürt haben, weil wir uns den restlichen Tag austoben konnten, nach unseren eigenen Vorstellungen? Vielleicht haben wir den Druck auch nach innen gerichtet? Daran sieht man, die Tatsache, dass wir früher alle „brav“ waren, ist nicht gleichbedeutend mit guten Wachstumsbedingungen.

Dass Kinder heute so deutlich und anhaltend auf ihre Not aufmerksam machen, ist für mich ein gutes Zeichen. Sie haben die Hoffnung und das Vertrauen in uns Erwachsene, dass wir ihnen mit offenen Ohren und offenen Herzen begegnen. Sie richten ihre Not nicht, wie viele Kinder vergangener Generationen, nach innen und gegen sich selbst. Heute haben wir den großen Luxus, auch den Raum dafür zu haben, uns Kindern zuzuwenden und darüber nachzudenken, wie wir Beziehungen und Leben gestalten wollen.

Zusammenfassend: Eingeschränkter Körperkontakt durch lange Betreuungszeiten, unsichere Führung durch gesellschaftlichen Wandel, geringere Präsenz durch digitale Abwesenheit, weniger Resonanzprozesse durch einen unzureichenden Betreuungsschlüssel – all das sind mögliche Faktoren, durch die Kinder weniger Kontakt bekommen, als sie für ihre Entwicklung brauchen. Kinder sind davon unterschiedlich stark betroffen, und sie reagieren auch unterschiedlich darauf.

Ruhe

Das Bedürfnis nach Ruhe kann man bei Babys sehr gut beobachten. Wenn sie viel erlebt haben, ist ihr Erlebnisspeicher voll, und sie brauchen erst mal ein Schläfchen, um alles zu verarbeiten. Es ist ein bisschen so wie bei einem Glasgefäß, in das man Schlamm füllt und mit Wasser bedeckt. Rührt man mit einem Stock um, braucht es Zeit, bis sich der Schlamm wieder absetzt und das Wasser wieder klar ist. So ist es auch insbesondere bei Babys und Kindern. Nach Erlebnissen brauchen sie Ruhe und Zeit, um das neu Erfahrene zu verarbeiten und abzuspeichern. Doch viele Kinder haben aufgrund der Alltagsgestaltung immer weniger Raum, um zur Ruhe zu kommen.

Angehörige des Navajo Stammes glaubten: *„Wen die Götter lieben, dem schenken sie ein Lied.“* Ich glaube, jeder Mensch hat ein solches „Lied“ in sich. Es ist eine innere Melodie, die uns auf unserem Lebensweg führt. Doch um diese leise Melodie zu vernehmen, brauchen Kinder Ruhe. Ähnlich wie ein kleiner Keimling einer Kastanie brauchen auch Kinder einen besonderen Schutz- und Schonraum, um sich gut zu entwickeln. Wassermangel und pralle Sonne kann eine ausgewachsene Kastanie aushalten, ein Keimling nicht. Kindern fällt es schwerer, unser erwachsenes Tempo auszuhalten.

Kinder früherer Generationen konnten sich vom Stress befreien, indem sie „abtauchten“ in ihre eigenen Welten, draußen in der Natur, mit anderen Kindern, ohne erwachsene Aufsicht. Kinder, die ganztägig betreut werden, können das nicht. Die Betreuungszeit hat sich in den letzten zwanzig Jahren mehr als verdoppelt. Wenn Kinder in die Krippe, Kita oder Schule gehen, ist das für sie Arbeitszeit. Auch wenn es Ruheecken und Snoozle-Räume gibt, die Kinder sind dennoch auf der Arbeit. Sie essen täglich in der Kantine, sind unter ständiger Beobachtung von Erwachsenen, müssen sich in Abläufe einfügen und können ihrer eigenen Melodie nicht folgen. Ich glaube, wir muten Kindern mit dieser langen Arbeitszeit zu viel zu. Viele Kinder haben heute einen zu stressigen Alltag und nur eingeschränkte Möglichkeiten, wieder zur Ruhe zu kommen.

Hinzu kommt das gestiegene Stressniveau in unserer Gesellschaft, auch das schwappt in Familien hinein und stresst alle Beteiligten. So war früher die Gesamtarbeitszeit eines Elternpaares vierzig Stunden pro Woche, heute beträgt sie oft mehr als das eineinhalbfache davon, und die Wochenarbeitszeit einiger Krippenkinder beträgt sogar fünfzig Stunden, mehr als der Gesetzgeber für Erwachsene zulässt.

Neben der gestiegenen Arbeitszeit von Eltern und Kindern gibt es viele weitere Stressoren, die auf Menschen in unserer Gesellschaft wirken und der benötigten Ruhe entgegenstehen. Eine massiv gestiegene Informationsflut hält unseren Arbeitsspeicher ständig voll. Der Informationsgehalt der New York Times enthält so viele Informationen wie ein Mensch vor fünfhundert Jahren während seiner gesamten Lebenszeit erhalten hat. Auch die Häufigkeit, mit der wir mit Informationen konfrontiert sind, hat drastisch zugenommen. Ein Erwachsener schaut statistisch dreißigmal am Tag auf sein Handy, und ich weiß nicht, ob ich damit hinkomme. Wir checken E-Mails, WhatsApp, Insta, schauen Videos ... Das sind alles tolle Errungenschaften, doch auch ein tolles Video landet im Arbeitsspeicher und muss bewertet werden (gefährlich oder ungefährlich, wichtig oder nicht), und wir kommen mit der Bearbeitung nicht mehr hinterher. Viele Menschen fühlen sich überlastet, wie bei einem Sieb, auf das wir zu viel Sand laden. Man ist nie fertig mit Denken, immer saust etwas (unbewusst) durch den Kopf. Auch die Komplexität steigt. Wir können die Zusammenhänge unseres Lebens kaum noch begreifen. Wenn ich unterschwellig ein permanentes Gefühl von Überforderung und Überlastung habe, ist das beängstigend. Auch das Angstniveau in unserer Gesellschaft ist gestiegen, unter anderem durch mediale Verzerrung. Viele Menschen haben heute viel mehr Angst als Menschen noch vor ein paar Jahrzehnten.

Neben dieser Überstimulierung durch Information sind es auch die Vergleiche, die uns permanent anspringen. Im Netz gibt es immer jemanden, der es besser kann, schöner wohnt, mehr Spaß im Leben hat ... Kognitiv können wir uns davon abtrennen, doch emotional macht es mit uns mehr, als uns oft bewusst ist.

Scheiß Urlaub

Eine Dreizehnjährige checkt auf ihrem Handy, was ihre Freundinnen während ihrer Abwesenheit machen. Sie entdeckt viele tolle Bilder. Ihre Freundinnen sind im Schwimmbad, beim Eisessen oder chillen zusammen. Diese Bilder beißen ein großes Stück von ihrem eigenen Urlaubsglück ab. Sie weiß genau, diese Bilder sind nur eine Momentaufnahme, doch ihr Gefühl ist ein ganz anderes.

Die ersten Jugendlichen reagieren, indem sie ihr Smartphone stilllegen, als Erste-Hilfe-Maßnahme, um sich dieser krassen Informationsflut und der ständigen Verführung zu entziehen, und auch der Manipulation, etwa durch „Content-Moderation“.

Wenn Eltern Stress haben, haben auch Kinder Stress, denn sie hängen ja an unserem Versorgungssystem. Kinder beziehen den Stress der Eltern auch auf sich: „Ich bin zu viel.“ Dadurch können Kinder weniger fühlen, wie wertvoll sie für uns sind. Wenn wir Erwachsene gestresst sind, fühlen Kinder sich oft als Belastung.

Ich denke, es ist gerade in unserer beschleunigten und überladenen Zeit wichtig, zu schauen, ob alle Familienmitglieder genügend Ruhe bekommen, und wie man sich einem zu viel an Stress entziehen kann. „Eine unserer größten Freiheiten liegt darin, wie wir auf Dinge reagieren“, schreibt Charlie Mackesy in: „Der Junge, der Maulwurf, der Fuchs und das Pferd“.

Freiheit

Kinder brauchen die Freiheit, sich nach ihrem eigenen, inneren Plan zu entwickeln und ihre eigenen Welten und Beziehungen zu gestalten in freibestimmtem Spiel. Doch viele Kinder haben nicht mehr die Freiheit, die sie für eine gesunde Entwicklung brauchen. Das möchte ich an drei Entwicklungsräumen zeigen: Kinderstreit, Selbstwirksamkeit und Bewegung.

Entwicklungsraum Kinderstreit

Durch Streiten lernen Kinder ihre eigenen Grenzen und die Grenzen der anderen kennen und wahren. „Bis einer heult“ – ja, so ist es. Denn erst durch die Überschreitung unsichtbarer Grenzen werden diese für Kinder sichtbar. Wir Erwachsenen beurteilen den Streit der Kinder als etwas Störendes, doch es geht um soziales Lernen mit dem Lerntitel „Grenzen setzen, Grenzen wahren.“

Unterm Tisch

In einer ersten Klasse sitzt ein Junge am Tisch und malt, ein anderer darunter und schaut immer wieder über die Tischkante. Der malende Junge sagt vorsichtig: „Du sollst nicht gucken“, und beugt sich über sein Bild. Davon unbeeindruckt schaut der andere Junge immer wieder auf das Blatt. Die ganze Situation entwickelt sich über fünf Minuten, während die Lehrerin die beiden gewähren lässt. Der malende Junge wird dabei immer deutlicher und lauter, schließlich schreit er den anderen Jungen an: „Hör jetzt auf!“ Der andere Junge sagt „Okay“, und verschwindet auf seinen eigenen Platz.

Die beiden Jungen haben eine lernende Gemeinschaft gebildet. Einer hat gelernt, seine Grenze sehr deutlich zu machen, der andere hat rausgefunden, wo genau die absolute Grenze des anderen liegt.

Die Tellerschaukel

Drei Jungs (elf, neun und sechs Jahre alt) schaukeln auf einer Tellerschaukel sehr wild, als ein Mädchen (drei Jahre alt) dazu kommt und mitschaukeln will. „Wir schaukeln viel zu doll, das ist nichts für dich.“ „Doch, ich kann auch so doll schaukeln." Die drei Jungs halten an und lassen die Dreijährige mitschaukeln. Schon bald ist klar, dass es doch ein bisschen zu wild für sie ist, und sie verlangt von den Jungs, nicht so doll zu schaukeln. Die Jungs stoppen die Schaukel, der Elfjährige schnappt die Dreijährige und stellt sie neben der Schaukel ab. Die Jungs schaukeln weiter, das Mädchen weint.

Das war eine gute Lernsituation für die beteiligten Kinder, doch schon mischten sich Erwachsene in diesen Streit ein. „Lasst sie doch mal kurz mitschaukeln. Ihr seid jetzt auch schon so lange auf der Schaukel." Als die Jungs ungerührt weiterschaukelten, wurden sie abgewertet: „Jetzt seid doch nicht so gemein, guckt mal, sie weint." Die Botschaft dahinter war: „Was seid ihr doch für Unmenschen!" Auf diese Weise lernen Kinder, sich schlecht zu fühlen. Eine Mutter sagte dazu: „Es ist doch gut, wenn die sich schlecht fühlen, damit sie lernen, auf andere Rücksicht zu nehmen." Ja, da ist es ja wieder, das alte Bild vom Menschen, das sitzt so tief und taucht so oft auf.

Kinder lernen im Streit, wie man mit anderen zusammenleben kann, gerade auch, wenn man unterschiedlicher Meinung ist. Wenn ein Kind zwei Jahre alt ist, „ich" und „nein" sagen kann, hat es alles, um sich abzugrenzen und in der Gruppe allmählich bestehen zu können. Dann startet ein lebenslanger Lernprozess, in dem wir versuchen, herauszufinden: Wie viel Anpassung braucht es, um in der Gruppe zu bleiben, und wo kann ich meinen eigenen Wünschen und Bedürfnissen folgen? Welche Rolle könnte ich in einer

Gruppe einnehmen? Was sind meine Fähigkeiten, die ich in die Gruppe einbringen kann?

Drei Mädchen

Im Kindergarten sind drei Mädchen, jeweils drei Jahre alt, miteinander befreundet. Jeden Morgen geschieht das gleiche: Das eine Mädchen wählt aus, mit wem der beiden anderen Mädchen es spielen will, und das jeweils nicht gewählte Mädchen weint. Die Mutter eines Mädchens meinte daraufhin: „Das geht doch nicht. Man muss ihr doch klarmachen, dass man auch zu dritt spielen kann und dass sie hier nicht die Bestimmerin ist!" Die Fachkräfte können die Eltern davon überzeugen, den Mädchen Zeit zu geben, dieses Problem selbst zu lösen. Nach ein paar Wochen haben die Mädchen eine gute Lösung gefunden. Morgens wählt das eine Mädchen wie gehabt aus, doch bevor die beiden anderen „losspielen", suchen sie einen Spielpartner oder eine Spielpartnerin für das übrig gebliebene Mädchen. Erst wenn dieses Mädchen zufrieden und versorgt ist, gehen die beiden anderen in ihr Spiel.

Ich denke, es ist eine gute Idee, wenn wir Kindern die Freiheit geben, vielfältige Erfahrungen zu sammeln. Denn schließlich können sie nur lernen, Konflikte untereinander zu lösen, wenn wir ihnen dafür Raum, Zeit und Zutrauen geben. Wenn wir ihnen ihr Problem wegnehmen, können sie nicht lernen, es zu lösen. Wird es zu heftig, psychisch oder physisch, ist es aus meiner Sicht eine gute Idee, freundlich zu stoppen und Resonanzprozesse anzubieten.

Josepha

Vier Jungs der dritten Klasse rannten um ihren Mitschüler Joseph herum und schrien immer wieder: „Josepha, Josepha!" „Stopp, ich will, dass ihr ihn Joseph nennt." „Aber er ist nun mal voll das Mädchen, und deswegen heißt er Josepha." „Was meinst du damit?" „Er heult immer gleich los", und da fängt Joseph wirklich an zu weinen. „Für mich ist es so, dass Menschen weinen, wenn sie traurig sind, manchmal auch, wenn sie wütend sind. Und ich glaube, Joseph ist traurig." Alle gucken Joseph an. „Der ist traurig, weil er bei uns nicht mitspielen darf, aber wir wollen einfach nicht mit ihm spielen." „Okay, ihr wollt allein spielen, das ist in Ordnung. Was ist mit dir, Joseph? Würdest du auch mit jemand anderem spielen wollen?" Ein Mädchen sagt: „Ich würde gerne mit dem Joseph spielen." „Wäre das für dich eine gute Idee, Joseph? Würdest du gerne mit ihr spielen?" Joseph nickt, und beide fangen an zu spielen.

Manchmal fragen Kinder auch direkt nach Hilfe und holen Erwachsene dazu.

Kackapups

Eine Vierjährige läuft zu ihrer Mutter und beschwert sich über die anderen Kinder. „Die haben mich kleiner Kackapups genannt." Die Mutter geht gemeinsam mit dem Mädchen zu den anderen Kindern und sagt: „Sie hat mir erzählt, ihr hättet sie Kackapups genannt." „Ja, sie ist auch ein kleiner Kackapups." „Es wirkt so, als hättest du dich über sie geärgert." „Ja, sie will immer über alle bestimmen, und deshalb ist sie ein Kackapups." „Du möchtest also nicht, dass sie über dich bestimmt." Das Mädchen sagt: „Ich habe nur gesagt, dass das Spiel blöd ist und dass ich was anderes spielen will." „Okay, was wollt ihr jetzt machen?" Das Mädchen sagt: „Ich überlege mir ein Schimpfwort für jeden, und dann ist es für mich wieder gut." Die Mutter fragt die Gruppe: „Wäre das für euch eine gute Idee?" Alle Kinder sind damit einverstanden, das Mädchen sagt zu jedem Kind ein Schimpfwort, und dann spielen sie gemeinsam weiter.

Die Mutter hat die einzelnen Standpunkte nicht bewertet (wie etwa: „Das sagt man nicht, du willst doch auch nicht beschimpft werden.") und auch keine Lösung vorgegeben (wie etwa: „Entschuldigt euch bei ihr!"), sondern Du-Botschaften in Ich-Botschaften übersetzt. So konnten die Kinder sich selbst und die anderen besser kennenlernen. Mehr brauchen Kinder nicht, um mit der Zeit zu lernen, wie man Konflikte auf eine konstruktive Weise löst.

Die Berichterstatterin

In meiner Forschergruppe war ein fünfjähriges Mädchen, das mich oft darüber informierte, was andere Kinder gemacht haben. „Der Tom hat schon wieder in der Nase gebohrt, das ist doch eklig, oder?" „Die Tabea hat was neben den Müll geschmissen, das gehört aber in den Müll." Wenn sie zu mir kam, fragte ich sie: „Willst du es mir einfach nur erzählen, oder soll ich etwas tun?" „Die sollen Ärger kriegen." „Aha, und was meinst du, soll ich dabei tun?" „Mit ihnen schimpfen." „Oh, das will ich nicht." „Doch, die sollen aber Ärger kriegen." „Wieso ist dir das wichtig?" „Weil ich mich dann freue, wenn die traurig sind."

Der Spruch „Kinder können so grausam sein" stimmt

zwar, jedoch kommt dieses Verhalten ursprünglich nicht durch Kinder in die Gemeinschaft hinein, sie haben es von Erwachsenen gelernt. Natürlicherweise gestalten Kinder ihre Beziehungen im Lernmodus. Das heißt, sie stehen für sich selbst ein, ihre Handlungen sollen ihre Interessen befördern. Sie machen es nicht, um gegen andere vorzugehen. Natürlicherweise ist es so, dass jeder Mensch der Menschengemeinschaft dringend gebraucht wurde, um gemeinsam in einer herausfordernden Welt bestehen zu können. Deshalb ist es kein natürliches Verhalten von Kindern, wenn sie andere ausgrenzen, schikanieren oder mobben. Doch wie sollte dieses „Petzen" ihre eigenen Interessen befördern? Vielleicht will sie sich „richtig" fühlen, und wenn die anderen „verkehrt" sind, hat sie ein wenig mehr das Gefühl, richtig zu sein.

Nur Gemecker

Eine Lehrerin der vierten Klasse stellte eine veränderte Stimmung in ihrer Klasse fest, und sie überlegte sich, was sich verändert hat. Vor einem halben Jahr war eine Schulbegleitung dazu gekommen, die einen Jungen aus der Klasse begleitete. Sie zeigte ihm ständig, wie unzufrieden sie mit seinem Verhalten ist: „Das ist überhaupt nicht lustig, es ist unangemessen, darüber zu lachen/das macht man nicht/hör endlich auf damit/jetzt fang endlich mal an/immer bist du so langsam/du hast auch schon mal schöner geschrieben/du kannst das, du willst nur nicht/jetzt sei nicht so faul/beeil dich jetzt mal, die anderen sind schon längst fertig …"

Kinder lernen daraus, Fehler bei anderen zu suchen und zu kritisieren. Kinder machen einem alles nach.

Um an dieser „Kritikstimmung“ etwas zu verändern, ist es im ersten Schritt wichtig, dass die Erwachsenen die Verantwortung übernehmen. „Uns ist aufgefallen, dass ihr euch gegenseitig oft kritisiert. Wir haben uns Gedanken gemacht, woran das liegt und festgestellt, dass wir euch selbst oft kritisieren. Ihr habt es also von uns gelernt. Wir wollen das jetzt anders machen und sagen, was wir wollen und was nicht, ohne an euch rumzumeckern. Es würde uns sehr helfen, wenn ihr uns Bescheid sagt, wenn ihr euch von uns nicht gut behandelt fühlt.“

Kinder lernen Streitverhalten von uns. Wie gehen wir mit unserem Partner oder unserer Partnerin um, wenn wir unterschiedlicher Meinung sind? Wie gehen wir mit Kindern um, die sich anders verhalten, als wir uns das wünschen? Eine Mutter erzählte, dass ihre drei Kinder sich immer wieder sehr heftig stritten, das Gesagte ging oft unter die Gürtellinie. *„Es wäre besser, du wärst erst gar nicht geboren worden.“ „Deine fiese Hackfresse will ich nie im Leben mehr sehen.“* Hier geht es vermutlich nicht um einen Abgrenzungsstreit, sondern eine eigene tiefe Verletzung wird weitergegeben. Wenn es so ist, denke ich, dass es eine gute Idee ist, zu schauen, warum das Kind so heftig um sich schießt.

Der Schulanfang

Ein sechsjähriges Mädchen geht seit einigen Wochen in die Schule. Morgens gibt es oft Streit und Hektik, weil die Mutter versucht, dieses Mädchen pünktlich aus dem Haus zu bekommen, damit es mit seiner Freundin gemeinsam den Schulweg laufen kann. Je mehr die Mutter schiebt, desto langsamer scheint das Mädchen zu werden. Die Mutter ist gestresst, das Mädchen ebenso. Zu diesem Zeitpunkt fängt ihr drei Jahre älterer Bruder an, gegen sie zu schießen, indem er Dinge sagt wie etwa: „Du bist dumm, und du wirst immer dumm bleiben." Als die Eltern begreifen, dass ihr Sohn lediglich versucht, für die Mutter gegen die Schwester zu kämpfen, wird ihnen klar, dass sie in der Verantwortung sind, die morgendliche Situation zu verändern.

Manchmal ist es auch so, dass Kinder die Konflikte, die Eltern auf ihrer Paarebene leben, in ihren Geschwisterbeziehungen wiederholen. Wenn Eltern sich mögen und wertschätzen, findet man diese herzliche Verbindung oft auch in den Geschwisterbeziehungen wieder. Dann gibt es zwar auch Streit um Ressourcen und Grenzen, doch nicht in so einer Heftigkeit, wie es Kinder an den Tag legen, die täglich die Grenzüberschreitungen der Erwachsenen untereinander erleben.

Häufig werden Kinder auch ihres Aggressionspotenzials beraubt. Sie dürfen nicht mehr wütend sein, sie sollen nichts mehr körperlich austragen. Als „Fernziel" ist das aus meiner Sicht eine gute Idee, doch bis Kindern das gelingt, dauert es etwas.

Jesper Juul und Helle Jensen weisen 2009 in ihrem Buch „Vom Gehorsam zur Verantwortung" auf den Umstand hin, „dass Kinder vor nur zwei Generationen die soziale Kompetenz in sehr hohem Maße bei gemeinsamen Spielen entwickelt haben, wenn sie unter sich waren. Das heutige Kinderleben wird von fast ununterbrochener Überwachung und Anleitung durch Erwachsene ernsthaft strapaziert. Die Erwachsenen sind durchweg konfliktscheu und abgeneigt, die Konflikte der Kinder untereinander sich so weit entwickeln zu lassen, bis die Kinder (sozial und persönlich) daraus lernen."

Der Biss

Als ich in die vierte Klasse ging, stellten sich mir immer wieder drei Jugendliche in den Weg und ließen die Luft aus meinem Fahrradreifen. Irgendwann hatte ich genug davon und biss die Anführerin dieser Bande heftig in den Unterarm. Danach ließen sie mich in Ruhe, die Situation war geklärt.

Für mich war das eine wichtige Lernerfahrung, nämlich dass ich im Ernstfall mein volles Aggressionspotenzial zur Verfügung habe und mich notfalls auch körperlich wehren kann. Heute würden sich sehr wahrscheinlich Erwachsene einmischen und Kindern ihre Lernsituation wegnehmen. Auch wenn es uns schwerfällt, halte ich es für eine gute Idee, wenn wir Erwachsenen uns etwas zurückhalten, sobald Kinder zwei Jahre alt sind, und die Kinder entscheiden lassen, wann sie Hilfe brauchen.

Manchmal dürfen Kinder die Facetten verschiedene Gefühle nicht ausleben, doch damit berauben wir sie ihrer Entwicklungsräume.

Nur liebe Tiere

In einem Kindergarten durften Kinder nur „liebe" Tiere spielen, also Tiere, die andere nicht fressen. (Das ist kein Witz, wie alle Beispiele in diesem Buch ist es echt.) Ein Junge fragte, ob er ein Huhn sein könne. Als ihm dies erlaubt wurde, fing er an, mit seinem „Schnabel" zu hacken. So wurde das Huhn schließlich auch von der Liste der erlaubten Tiere gestrichen.

Wenn Kinder sich streiten und wir sie streiten lassen, dann ist das ein wichtiger Entwicklungsfreiraum für Kinder, der immer mehr verschwindet. Durch lange Betreuungszeiten und das häufige Indoor-Sein sind Erwachsene ständig präsent. Vor noch gar nicht allzu langer Zeit waren Kinder nachmittags draußen, und die Erwachsenen bekamen die Kinderstreitigkeiten nicht mit. Und weil wir Erwachsenen es so gerne friedlich, harmonisch und kuschelig haben, versuchen wir, Streit zu verhindern oder schnell zu lösen. Dadurch schränken wir den Entwicklungsfreiraum der Kinder auf dem Gebiet des sozialen Lernens sehr ein.

Entwicklungsraum Selbstwirksamkeit

Manchmal wollen Erwachsene gerne helfen, um sich für das Kind wertvoll zu fühlen: Mal eben schnell die Jacke anziehen, den Ball unter dem Bett hervorholen, das Brot schmieren ... Das ist gut gemeint, doch damit nehmen wir Kindern ihre Entwicklungsaufgaben weg. Jedes Problem, welches wir für die Kinder lösen, können sie nicht allein lösen, und deshalb können sie auch keine eigenen Strategien und Fertigkeiten entwickeln. Auf diese Weise können Kinder ihre Selbstwirksamkeit, eine der zentralsten Überlebensfähigkeiten, nicht voll entfalten.

Der Rucksack

Bei einem Klassenausflug hat ein Junge, sechs Jahre alt, ein rotes Gesicht. Die Lehrerin fragt ihn, ob es sein kann, dass ihm zu warm ist, doch er schüttelt nur den Kopf. Als sie eine Pause machen, bleibt er mit hängenden Schultern einfach stehen, und die Lehrerin fragt ihn, ob sie ihm helfen könne. Der Junge fragt: „Wie geht mein Rucksack?“ Die Lehrerin verstand, dass er die Schnalle des Brustgurtes nicht allein öffnen konnte und half ihm. Wieder an der Schule angekommen, begrüßt die Mutter ihren Sohn sehr freudig, herzt ihn und fragt, wie der Ausflug war. Während dieser freudigen Begrüßung macht sie mit einer Handbewegung die Schnalle des Rucksacks auf, öffnet den Reißverschluss der Jacke und nimmt ihm beides ab. Diese freudige Begrüßung zu beobachten, berührt die Lehrerin sehr, und gleichzeitig hat sie den Gedanken, dass diese „Überfürsorge“ die Entwicklung der Selbstwirksamkeit dieses Jungen stark beeinträchtigt.

Oft wollen wir mit unserem Helfen auch Frustration verhindern. Doch Frustration ist Teil des Lernprozesses, und der klingt bei jungen Kindern laut und ist oft tränenreich. Wenn ein Kind frustriert ist, weil es sein Brot noch nicht allein schmieren kann, ist das ein guter Zustand. Die Aufgabe von Erwachsenen ist, das auszuhalten. Wenn ein Kind aus Frustration weint und wir denken könnten: „Oh guck mal, gerade lernt mein Kind“, wäre das für uns und unser Kind hilfreich. Wir tun viel, um Kinder nicht zu frustrieren. Es gibt dreirädrige Roller, Klettverschlüsse und Bastelangebote, bei denen quasi alles schon fertig ist, nur noch zusammenkleben. Doch ich glaube, Kinder müssen Frustration erleben dürfen, um später fliegen zu können.

Der Schmetterling

Ein Kind fand einen Kokon. Es nahm ihn mit, um dem Schmetterling beim Schlüpfen zuzusehen. Bald entstand eine kleine Öffnung, durch die der Schmetterling sich nach draußen arbeitete. Doch dann schien es nicht mehr weiter zu gehen, und das Kind nahm eine Schere und machte so die Öffnung ein klein wenig weiter. Jetzt konnte der Falter ganz leicht herausschlüpfen, aber er konnte nicht fliegen. Denn nur durch das Pressen durch diese enge Öffnung wäre die Flüssigkeit des Körpers in die Flügel gelangt und der Schmetterling hätte fliegen können.

Rolf Zuckowski hat das Lebensgefühl „Ich schaff das schon!“ in seinem gleichnamigen Lied vertont, und ich wünsche mir, dass alle Kinder mit diesem Gefühl in ihr Leben gehen. Dafür ist es hilfreich, wenn sie vielfältigen Herausforderungen begegnen und erleben dürfen, wie sie daran wachsen.

Zuweilen wollen Erwachsene ihren Kindern auch keine Beschränkungen zumuten und versuchen, so „kinderfreundlich“ wie möglich zu sein, indem sie die Wünsche der Kinder über alles stellen. Dadurch verhindern sie allerdings wertvolle Lernerfahrungen.

Schloss Freudenberg

Im Gewölbekeller eines alten Hauses, das als Erlebnisstätte dient, findet eine Führung statt. Etwa zwanzig Leute warten in diesem Keller auf den Beginn einer Füh-

rung. Ein zweijähriger Junge schlägt währenddessen anhaltend mit einem Stock auf einen Metallständer. Es dröhnt laut und durchdringend durch den Gewölbekeller. Nach einiger Zeit sagt eine Frau zu ihm: „Mir ist das zu laut. Kannst du bitte damit aufhören?" Da meldet sich der Vater des Kindes zu Wort und donnert die Frau an: „Sie haben überhaupt nicht mit meinem Sohn zu reden."

Selbstwirksamkeit bedeutet auch, zu erfahren, wenn das eigene Verhalten zu Einschränkungen oder Unannehmlichkeiten bei anderen führt. Auch da wirkt das eigene Verhalten. Auf diese Weise lernen Kinder, wie man Teil einer Gruppe sein kann. Wann kann ich meiner Idee folgen, und wann mute ich damit anderen zu viel zu? Um das zu lernen, brauchen Kinder Erwachsene, die sich selbst ernst nehmen und auch für die eigenen Wünsche und Grenzen einstehen.

Das Zelt

Ein Elternpaar hatte Besuch von Freunden. Sie saßen im Garten beieinander, als die Kinder (acht und zehn Jahre alt) ihre Eltern fragten, ob sie das Zelt aufbauen dürften. Als sich herausstellte, dass sie nicht das kleine Pop-up-Zelt aufbauen wollten, sondern das große Hauszelt, bei dessen Aufbau sie Hilfe brauchten, waren die Eltern nicht bereit zu helfen. Die Freunde der Eltern waren etwas empört darüber, wie „unkooperativ" die Eltern sich verhielten, denn allein konnten die Kinder ihr Projekt ja nicht verwirklichen.

Aus meiner Sicht ist die Erfahrung der Kinder, Eltern zu haben, die gut auf sich selbst achten, wesentlich wertvoller als ein aufgebautes Zelt. Denn das ist spätestens nach ein paar Tagen wieder eingepackt, doch die Erfahrung mit ihren Eltern währt lange und ist ein hilfreiches Modell dafür, wie man in einer Familie eigene Grenzen wahrt.

Service

Eine Mutter kauft nach der Arbeit rasch ein und holt dann ihre beiden Kinder (drei und fünf Jahre alt) von der Kita ab. Zu Hause angekommen, bereitet sie schnell das Essen vor, während die Kinder ihre Serie schauen. Es wird gegessen, und anschließend schauen die Kinder ihre Serie weiter, während die Mutter die Küche in Ordnung bringt.

Die Kinder erleben nur das gemeinsame Essen. Was es dazu braucht, um Essen zu planen, einzukaufen und zuzubereiten, hinterher wieder alles in Ordnung bringen, das erleben sie nicht, und so erleben sie auch nicht, Teil der Gemeinschaft zu sein. Auch hier kommt die hohe Arbeitsbelastung eines Paares zu tragen. Wenn man den ganzen Tag gearbeitet hat, kann es leicht zu anstrengend sein, die Konflikte auszutragen, die man hätte, nähme man die Kinder mit zum Einkaufen und würde sie beim Kochen beteiligen. Denn mit Kindern dauert alles doppelt so lange, es gibt zehnmal so viel Konflikte und ein Vielfaches mehr an Unordnung und Dreck. Wenn ich jedoch durch meine Lebensgestaltung häufig am Rande dessen bin, was ich überhaupt leisten kann, ist es sehr verständlich, das nicht auch noch schultern zu wollen.

Familienaufbruch

Eine Familie mit zwei Kindern (elf und dreizehn Jahre alt) macht sich für einen Ausflug bereit. Der Vater gibt Anweisungen: „Füllt eure Wasserflaschen auf. Habt ihr auch nichts vergessen? Das wird dir zu warm im Auto, zieh lieber ein T-Shirt an. Geht vorher bitte alle noch mal auf die Toilette.“

Das ist fürsorglich gemeint und hilft vielleicht auch, nicht den nächsten Parkplatz ansteuern zu müssen. Es vermeidet jedoch auch, dass Kinder lernen, sich selbst zu organisieren. Man könnte auch am Vorabend sagen: *„Morgen um 11:00 Uhr im Auto. Passt das für alle?“*, und dann entspannt den Morgen genießen. Vielleicht geht es dann nicht ganz so pünktlich los, und vielleicht wird auch was vergessen, doch Entspannung und Entwicklung haben eben ihren Preis.

Erwachsene mischen sich zuweilen auch aus Angst ein, doch zuweilen kommen Kinder dann zu dem Schluss, ihnen würde nichts zugetraut. Und da Kinder lernen, sich durch unsere Augen zu betrachten, werden sie sich selbst auch weniger zutrauen.

Achtung

Zwei achtjährige Mädchen balancieren auf einer Mauer. Die Mütter stehen daneben und unterhalten sich, währenddessen kommentieren sie das Klettern der Mädchen. „Passt auf, dass ihr nicht runterfallt ... Guckt mal, da schauen kleine Drähte raus, passt auf eure Hosen auf ... Achtung, da ist Vogelkacke ... Pass mal auf ihre Hand auf, du trittst gleich drauf ...“

Sicher, aufgerissene Hosen, Vogelkacke und Blessuren sind nicht angenehm. Aus meiner Sicht sind diese Erfahrungen jedoch besser als keine Erfahrungen. Und wäre es nicht auch für die Mütter in dieser Situation viel erfüllender gewesen, in Ruhe ein Gespräch zu führen? Ich denke, wir dürfen uns beim Erziehen ruhig etwas entspannen, wir müssen gar nicht so viel tun.

Eltern haben oft den Eindruck, dass Kinder heutzutage größeren Gefahren ausgesetzt sind als früher, auch wenn dem nicht so ist. Da Kinder die Welt durch die Augen ihrer Eltern betrachten lernen, haben auch Kinder mehr Angst und sind gehemmt in ihrem Tun.

Der gefährliche Wald

Ein Erzieher plant mit elf Kindern der Schulkindgruppe einen Ausflug in den Wald. Ein sechsjähriges Mädchen sagt: „Ich will nicht in den Wald, da gibt es Zecken. Davon kann man sterben!" Daraufhin sagt ein anderes Mädchen: „Ja, ich will auch nicht in den Wald, da kann man nämlich auch Fuchsbandwurm kriegen und nie wieder was essen." Ein Junge sagt dazu: „Es können einem auch Äste auf den Kopf fallen, und dann ist man auch tot."

Herbert Renz-Polster beschreibt in seinem Buch „Wie Kinder heute wachsen", wie sehr Kinder heute von der Natur entfremdet sind und wie wir – entsprechend seiner aus meiner Sicht so wohltuenden, Mut machenden Art – auch wieder zurückfinden können. Denn der natürliche Entwicklungsraum der Kinder ist die Natur. Wenn wir sie von der Natur entfremden, hemmt das ihre Entwicklung. Und nur wenn wir ein Gefühl für die Natur haben, werden wir auch eine intrinsische Motivation haben, diese zu bewahren. Rein kognitiv wird uns das nicht gelingen, denn langfristig ist der Homo sapiens nur durch Lust und Freude zu motivieren.

Kinder haben heute zunehmend nur noch in der digitalen Welt die Möglichkeit, ihre eigene Welt zu gestalten. In vielen Einrichtungen ist das Außengelände „fertig“, es gibt für die Kinder nichts mehr zu tun, sie können ihre eigene Spielwelt nicht erfinden. Selbst der Rindenmulch unter der Rutsche, Tannenzapfen oder Stöcke dürfen nicht angerührt werden, alles viel zu gefährlich. Früher waren Schulhöfe nicht besser, Kinder waren jedoch am Nachmittag draußen, in der Natur. Sie haben sich die Natur zu eigen gemacht und Hütten gebaut, Äste abgebrochen und Löcher gegraben. Wo ist das heute überhaupt noch möglich?

Dips and Bumps

Am Rande eines Neubaugebiets haben Kinder eine Fahrrad-Rennstrecke gebaut. Mit Schaufeln und anderen Werkzeugen waren sie tagelang beschäftigt und hatten schließlich eine Bahn mit vielen „dips and bumps“ gebaut. Anwohner und Eltern entschieden jedoch, das ganze wieder umzugraben, weil es aus ihrer Sicht zu viel Lärm, Staub und Gefahr gab.

Entwicklungsfeld Bewegung

Wir Menschen sind fürs Laufen gemacht, mit unserer Achillessehne sind wir dafür perfekt ausgestattet.

Doch wir Menschen laufen immer weniger. Beim Neubau einer Darmstädter Grundschule wurde extra eine „Kiss and Drop"-Zone eingerichtet, damit Kinder mit dem Auto zur Schule gebracht werden können. Sich die eigene Welt zu erlaufen, gemeinsam mit anderen Kindern zu lachen, Quatsch zu machen, zu streiten, Abenteuer zu erleben – all das findet auf dem Schulweg statt –, und das nehmen wir ihnen weg, wenn wir sie fahren. Ein Schulleiter sagte, er wolle nicht darüber bestimmen, ob Eltern ihre Kinder fahren, denn er ginge davon aus, dass, wenn Eltern ihre Kinder führen, sie dafür einen guten Grund hätten. Als er das in der Schulkonferenz sagte, hat mir das ein großes Lächeln ins Gesicht gezaubert, weil ich diese Haltung Eltern gegenüber einfach wunderbar finde! Auch hier finde ich es elementar wichtig, dass Eltern diese Dinge selbst bestimmen können. Genauso wichtig finde ich es, diese Fakten einfach mal auf den Tisch zu legen, damit Eltern eine gute Entscheidungsgrundlage haben.

Hinzu kommen digitale Medien, die auch dazu führen, dass Kinder zu wenig Bewegung haben. Nicht die digitalen Medien sind das Problem (Kinder lernen hier viele wichtige Kompetenzen, die sie und wir dringend brauchen), sondern Kinder haben dadurch zu wenig Bewegung. Das wirkt sich schädigend auf die Entwicklung des Körpers, insbesondere des Gehirns aus.

Zocken

Vor einem noch geschlossenen Laden hat sich eine Warteschlange gebildet. Ein vierjähriger Junge sitzt auf den Stufen und schaut ein Video. Kurze Zeit später reiht sich in diese Schlange ein Vater ein, ebenfalls mit einem etwa vier Jahre alten Jungen. Der Junge fängt an, auf den Stufen zu turnen, hängt sich an das Metallgeländer und schaukelt, entdeckt einen Feuerkäfer und nimmt ihn auf die Hand, schaut den Menschen um ihn herum zu, lacht mit einer Frau …

Natürlich schadet es nicht, ein Video anzugucken. Doch die Erlebniswelten und die Entwicklungszeiten von Kindern werden durch Zockzeiten eingeschränkt. Je länger die Zockzeit, desto größer die Einschränkung, und nicht selten verbringen bereits Kindergartenkinder täglich einige Stunden in der digitalen Welt. Das jedoch geht zu Lasten ihrer Reifezeit.

Kurz: Einige Kinder haben zu wenig Kontakt, zu viele Stresshormone im Blut, zu wenig Bewegung, Ruhe und Freiheit. Dadurch können notwendige Reifeprozesse nicht mehr ausreichend stattfinden, die jedoch zu einer Kindheit essentiell dazugehören. Und durch gestresste Erwachsene haben manche Kinder das Gefühl, eine Belastung zu sein, und können so weniger fühlen, willkommen und ein wertvoller Teil der Gemeinschaft zu sein. Auch gut versorgte Kinder leiden darunter, denn wenn es einigen in einer Gemeinschaft nicht gut geht, ist das belastend für alle.

Wie können Eltern und Fachleute darauf reagieren, außer für mehr Kontakt, Ruhe und Freiheit zu sorgen? Wie sieht die Entsprechung im Alltag aus? Hier kommt die individuelle Ebene ins Spiel: Was können wir selbst dazu beitragen, Kindern wieder mehr von ihren essentiellen Grundbedürfnissen zu erfüllen?

4. Was tun?

„Wenn der Strom dein Boot abtreibt, musst du anders rudern."

Jocelyne Saucier

So, und jetzt? Auf gesellschaftliche Veränderungen zu warten, die oft viele Jahrzehnte dauern und vielleicht auch nicht in die eigene Richtung gehen, ist eher müßig. Sinnvoller ist es, das Ganze selbst in die Hand zu nehmen, auf der individuellen Ebene. Wie geht es meinem Kind? Was brauchen wir als Eltern? Was können Fachleute in Kitas und Schulen verändern? Ich halte es für eine gute Idee, in Ruhe zu beobachten und in kleinen Schritten Großes zu bewirken.

Erkennen und anerkennen

Es geht nicht darum, schneller oder kräftiger zu rudern, viele sind eh schon am Limit. Es geht darum, anders zu rudern. Wie bei jeder Veränderung ist es wichtig, zunächst erst einmal wahrzunehmen, was ist, und auf sich wirken zu lassen: Wie ist das Lebensgefühl, mein eigenes und das der Kinder? Sind alle gut versorgt? Wie fühlen wir uns miteinander? Haben wir ein schönes, erfüllendes Leben miteinander? Wenn ja, dann ist das Boot auf einem guten Kurs, und das ist schön.

Wenn wir jedoch das Gefühl haben, es gibt zu viel Stress und Streit, zu wenig Freude und Leichtigkeit, jemand aus der Familie wirkt gestresst oder belastet, ständig angespannt oder in der Unterspannung, mit zu wenig Energie und Lebensfreude, ist es vielleicht ein guter Zeitpunkt zu handeln. Denn Lebensfreude ist ja kein Luxus. Es gehört zum Leben dazu, auch Momente in unserem Leben zu spüren, in denen wir das Leben feiern, in denen wir uns feiern. Wenn unser Boot auf einem ungünstigen Kurs ist, wäre es vielleicht eine gute Idee, herauszufinden, wohin wir eigentlich wollen, und entsprechend anders zu rudern.

Wir sind Schlüssel

Es kann leicht passieren, dass wir uns über die gesellschaftlichen Rahmenbedingungen aufregen, vielleicht auf die Politik schimpfen, doch damit verschwenden wir nur unsere Energie. Das ist ein bisschen so, wie wenn eine Freundin anruft und über ihren Mann klagt. Kurzfristig tut ihr die Entlastung gut, doch es kann passieren, dass sie sich jetzt entladen hat und nichts verändert, und das nächste Mal wieder anruft ...

Jammern hat eine wichtige Funktion, nämlich wahrzunehmen, es läuft anders, als wir es gerne hätten. Auch der Schutz der „Herde“ ist für uns wichtig. Ich bin nicht allein – ich werde geliebt – ich bin behütet: Wenn wir diese Dinge vermittelt bekommen, fühlen wir uns sicher und entspannt und können die eigenen Gedanken und Gefühle oft leichter sortieren.

Für Veränderung ist es jedoch wichtig, nicht in diesem Jammern zu verbleiben, sondern uns bewusst zu machen, dass wir selbst, und nur wir selbst, etwas verändern können. Manchmal steht uns dabei das Problem mit dem angepflockten Elefanten im Weg.

Der Elefant

Ein großer, starker Elefant war in einem Zirkus an einem Pflock angekettet. Diesen kleinen Pflock hätte er mit einem einzigen Ruck ausreißen können, doch er tat es nicht. Was hielt den Elefanten zurück, sich auf den Weg in die Freiheit zu machen? Der Grund dafür lag darin, dass er schon von klein auf daran angekettet gewesen war. Als kleiner Elefant zog und zerrte er daran, mit aller Kraft, doch weil er noch klein war, konnte er sich nicht losreißen. Schließlich nahm er es hin und akzeptierte diese Tatsache. Mit der Zeit wurde der Elefant größer und kräftiger, und jetzt hätte er es mit Leichtigkeit geschafft. Doch weil er der tiefen Überzeugung war, sich nicht befreien zu können, wagte er keinen weiteren Versuch.

Diese Geschichte ist unter anderem aufgeschrieben in dem Buch von Jorge Bucay: „Wie der Elefant die Freiheit fand“. Die Begrenzungen, die wir als Kind gesetzt bekommen haben, haben wir teilweise verinnerlicht, so dass wir heute glauben, diesen gesellschaftlichen Einflüssen gegenüber ohnmächtig zu sein. Doch wir sind heute ein ausgewachsener Elefant. Wir können so richtig was verändern!

Lebensvision

Wie soll es aussehen, unser Leben miteinander?

Was erfüllt uns, macht unsere Herzen froh und zufrieden? Wie soll die Kindheit unserer Kinder (also unser Alltag) aussehen? Ich denke, wir sollten hier groß denken und nach den Sternen greifen. Es ist unser Leben, unser (aller Wahrscheinlichkeit nach) einziges Leben. Es ist wichtig, das in aller Tiefe zu realisieren, sonst schauen wir einmal kurz nicht hin, weil wir mit Alltäglichem beschäftigt sind, und schon ist es vorbei. Es ist aus meiner Sicht sehr lohnenswert, sich Zeit zu nehmen, darüber nachzudenken.

Der Holzfäller

Ein Mann geht im Wald spazieren. Nach einer Weile sieht er einen Holzfäller, der mit viel Kraft und stumpfer Säge einen Baumstamm zersägt. Der Spaziergänger geht etwas näher heran, um zu sehen, warum die Arbeit des Holzfällers so schwer ist. Schnell erkennt er den Grund und sagt: „Guten Tag, ich sehe, dass sie sich ihre Arbeit unnötig schwer machen. Ihre Säge ist ja ganz stumpf, warum schärfen Sie sie denn nicht?“ Der Holzfäller schaut nicht einmal hoch, sondern zischt durch die Zähne: „Dazu habe ich keine Zeit, ich muss sägen!“

Die meisten von uns werden diese Geschichte kennen. Doch im Alltag ist es nicht so leicht, diese einfache Weisheit auch zu beherzigen. Denn wir sind oft so im Hamsterrad-Modus und glauben, erst alles erledigen zu müssen, bevor wir zur Ruhe kommen und nachspüren und nachdenken. *„Erst die Arbeit, dann das Vergnügen.“ „Müßiggang ist aller Laster Anfang.“* Vielleicht, weil wir so gelernt haben, vielleicht auch, weil es bedrohlich sein kann, über das eigene Lebenskonzept nachzudenken, und manchmal besteht die

Schwierigkeit darin, dass wir eigentlich gar nicht wissen, was wir wollen, weil wir in unserer Kindheit von uns selbst entfremdet wurden.

Das macht man nicht! Wo kämen wir denn da hin? Wenn das alle machen würden? Du bist nicht der Mittelpunkt der Welt! Stell dich nicht so an! Das sagt man nicht! Musst du so rumtoben? Was erlaubst du dir? Willst du uns blamieren?

Wir haben zuweilen unsere eigenen Wünsche und Bedürfnisse versteckt, und so finden wir sie manchmal auch im Heute nicht. Zum Glück haben wir unsere Gefühle, Freude ebenso wie Ärger oder Energielosigkeit. Wenn wir wahrnehmen, wie es uns und unseren Kindern geht, haben wir damit einen guten Kompass, unseren Weg zu finden.

Einfach mal anfangen

Wenn man nicht so recht weiß, wo man anfangen soll, dann könnte man bei sich selbst beginnen. Denn wenn es uns gut geht, tut das auch den Kindern gut.

Im Zombiemodus

Eine Mutter schildert im Online-Elternkurs ihren Mittwochmorgen mit ihren drei Kindern (eins, zwei und sechs Jahre alt): „Um 6:00 Uhr klingelt mein Wecker, nach vielen ungezählten Unterbrechungen in der Nacht. Ich bin im Zombiemodus und wecke die Kinder. Die bei-

den Älteren streiten im Bad. Soll ich dazwischen gehen? Oder lieber erst mal das Baby wickeln? Ich fang an zu wickeln, die Zweijährige hängt an meinem Bein und beschwert sich über ihre ältere Schwester. Irgendwie schaffen wir es in die Küche, und ich mache Frühstück. Wenn ich Cornflakes rausrücke, gibt es kein Geschrei, aber viel lieber hätte ich, dass sie Haferflocken essen. Halte ich das Gemecker jetzt aus? Okay, es gibt Cornflakes. Die Sechsjährige will, dass ich sie im Bad anziehe. Mache ich das, oder behindere ich sie dann in ihrer Entwicklung? Die Zweijährige will mit dem Auto in die Kita gefahren werden, ich will lieber das Rad nehmen. Schaffe ich das Theater? Irgendwie schaffe ich es, die Sechsjährige endlich zur Schule zu schicken, doch sie hat ihren Ranzen vergessen. Bringe ich ihn noch hinterher? Nach zwei Stunden und gefühlten hundert Entscheidungen und Konflikten fühle ich mich supergestresst, und mein ganzer Arbeitstag liegt erst noch vor mir, an den Abhol- und Abendstress will ich erst gar nicht denken.“ Die anderen Eltern im Kurs fragen nach ihrem Mann. „Mein Mann? Ist auf Dienstreise, bis Freitag.“ Ich sage zu ihr: „Ich bin beeindruckt, dass du nach diesem Tag noch am PC sitzen kannst und nicht gleich einschläfst.“ „Ich habe den ganzen Tag gedacht: Durchhalten! Durchhalten! Denn ich will raus aus diesem Zombiemodus und hoffe, wir können heute Abend darüber reden, wie das gehen könnte. Denn ich kann echt nicht mehr.“

Zu erkennen, dass man so nicht mehr weitermachen will, ist ein guter Ausgangspunkt. „Was sind die „Top Ten“ deiner stressigsten Punkte in deinem Alltag?“ Diese Mutter kam auf fünf:

1. Schlafmangel
2. Ständige Konflikte, in denen ich meine Kinder oft auch anschreie
3. Zeitstress; das ständige Gefühl unter Zeitdruck zu stehen
4. Gedankenstress: Ich bin eine schlechte Mutter, ich schade meinen Kindern.
5. Allein sein: Mein Mann ist oft nicht da, die Großeltern zu weit weg.

Eine andere Mutter aus dem Kurs sagte: „Nur fünf? Na, das müsste ja zu schaffen sein." Wir alle haben miteinander gelacht, und eine freundliche, wohlwollende Stimmung trägt ja viel zum Gelingen von Veränderungen bei. „Was glaubst du, sind deine größten Stärken, deine wichtigsten Ressourcen, um diese Krise zu schaffen und die Dinge zu verändern?" Da ging ein Strahlen über ihr Gesicht. „Ich liebe meinen Mann." Wow, was für eine Ressource!

Nachdem alle über ihre eigenen Ressourcen und ihre „Top Ten"-Liste nachgedacht hatten, haben wir die Liste in vier Bereiche aufgeteilt: Rahmenbedingungen, die Beziehung zu uns selbst, die Paarbeziehung (bei Getrenntlebenden die Elternbeziehung) und die Beziehung zum Kind. Denn man kann vieles zu Wege bringen, wenn man es in beherrschbare Portionen aufteilt.

Rahmenbedingungen

Es ist schwer, etwas zu verändern, wenn man zu wenig Raum zum Tanzen hat, wenn der Alltag so schwer auf uns lastet, dass wir uns kaum bewegen können. Deshalb kann es eine gute Idee sein, bei den Rahmenbedingungen anzufangen. Bei extremem Schlafmangel habe ich nicht die Ressourcen, mich um Beziehungsgestaltung zu kümmern, dann geht es eigentlich nur noch ums Überleben. Mein Nervensystem ist dann im Stressmodus, und deshalb ist es in diesem Beispiel gut, zuerst den Schlafmangel zu beheben. (Hilfreiche Gedanken zum Thema Schlafen (und zu vielem anderen) gibt es auf der Website von Herbert Renz-Polster www.kinder-verstehen.de oder in seinem Buch: „Schlaf gut, Baby".

So haben wir gemeinsam Rahmenbedingungen angeschaut und überlegt, was verändert oder auch weggelassen werden kann. Es gab kleine Veränderungen, wie etwa das Handy auf stumm schalten, und auch große, wie etwa den Entschluss, nicht mehr im gleichen Haus wie die Schwiegereltern wohnen zu wollen oder die eigene Arbeitszeit zu reduzieren.

Balkonien

Ein Vater eines sieben Monate alten Babys erzählte, er habe seine Arbeitszeit auf dreißig Stunden verkürzt, und das Zusammensein mit seinem Sohn wäre dadurch so viel entspannter und schöner geworden. Andere Eltern fragten ihn, wie er das finanziell machen würde. „Ich habe jetzt kein Auto mehr, und wir machen in den nächsten zwei Jahren Urlaub auf Balkonien. Doch das ist es mir wirklich wert. Wenn er älter wird, werde ich auch wieder mehr arbeiten. Doch jetzt will ich es nicht."

Natürlich gibt es ganz unterschiedliche finanzielle Situationen, doch wir haben oft mehr Freiheitsgrade, als wir zu haben glauben. Viele Lebensumstände halten wir für unabänderlich, doch häufig ist mehr veränderbar, als wir glauben. Manchmal hilft auch einfach weglassen.

Kinderturnen

Ich hatte den Gedanken, Kinder brauchen unbedingt ein Sportangebot. Deshalb war ich mit meinem Sohn, fünf Jahre alt, beim Fußball. Er interessierte sich jedoch mehr für die Regenwürmer im Rasen als für das Spiel. Als nächstes waren wir in einer Turngruppe. Er setzte sich zu den Eltern und spielte mit den Babys, die auf einer Decke lagen. Da wollte ich keine „Angebote" mehr besuchen und lieber nach Lust und Laune in den Wald gehen, im Haus Matratzenhöhlen bauen und vieles mehr. Heute ist er erwachsen, und es geht ihm prächtig, ganz ohne Kinderturnen.

Natürlich gibt es sehr viele Kinder, die begeistert zum Fußball gehen oder zum Flöten oder zum Judo. Dann ist es schön, wenn wir ihnen das ermöglichen können. Doch wenn wir aus dem Gedanken heraus agieren, Kinder „brauchen" das, wenn wir sie ziehen und schieben müssen, ist es oft stressig, für beide Seiten. Weniger (Programm) kann oft mehr sein, denn wenn Kinder in ihre eigene Welt abtauchen können, sehr gerne auch gemeinsam mit anderen Kindern, befreien sie sich auf diese Weise vom Stress des Alltags und kommen zur Ruhe.

Beziehungen

Wenn wir uns etwas frei geschaufelt haben, etwas Energie zur Verfügung haben, können wir uns anschauen, wie wir unsere Lebensbeziehungen gestalten. Diese haben den größten Einfluss auf unser Lebensgefühl, denn sie färben unser Leben ein, in bunt oder grau. Wenn wir uns in unseren nahen Beziehungen gesehen, geachtet, geliebt fühlen, dann blühen wir auf.

Wenn ich in einer Familie lebe, gibt es prinzipiell drei Arten von Beziehungen: die Beziehung zu mir selbst, die Beziehung zu meinem Partner oder meiner Partnerin und die Beziehung zu meinem Kind.

Die Beziehung zu mir selbst

Es gibt keine wichtigere Beziehung im Leben als die zu uns selbst. Mit anderen bin ich nur ein paar Stunden am Tag zusammen, mit mir vierundzwanzig Stunden, jeden Tag. Wie wir mit uns selbst umgehen und wie wir über uns selbst denken, wirkt sich in jeder Minute auf alle Bereiche unseres Lebens aus. Wenn ich mit mir eine liebevolle Beziehung habe, wenn ich mir freundlich begegne, ist das eine gute Lebensbasis.

Wenn eine Freundin uns erzählt, wie sie ihr Kind angemotzt hat, würden wir kaum denken: „Du bist so blöd! Wie soll das Kind sich denn anständig entwickeln, wenn du es immer anmeckerst?“, doch uns selbst machen wir fertig. Sich selbst ein Freund, eine

Freundin sein, das wäre doch ein schöner Gedanke, oder?

Eine Mutter berichtete, dass sie sich jetzt viel mehr um sich selbst kümmert, und damit ginge es allen besser. Eine andere Mutter sagte dazu: „Oh je, Selbstfürsorge. Das fühlt sich für mich an wie ein weiterer To-do Punkt auf meiner eh schon zu langen Liste." Manchen Eltern fällt es leichter, sich um sich selbst zu kümmern, wenn sie erkennen, dass Selbstfürsorge eines der größten Geschenke ist, die wir unseren Kindern machen können. Nur wenn es uns gut geht, kann es auch den Kindern gut gehen. Ich kann keine freundliche Beziehung zu meinem Kind haben, wenn ich selbst aus dem letzten Loch pfeife. Das ist einfach nicht möglich. Wenn der Rucksack der Eltern zu schwer ist, versuchen Kinder ihn immer mitzutragen. Das meiste dabei geschieht unbewusst.

Für dich

Meine Tochter (fünf Jahre alt) aß nur ungern im Kindergarten. Auf dem Weg dorthin meinte sie zu mir: „Ich kann heute im Kindergarten mitessen." „Okay." „Und weißt du auch, für wen ich mitesse? Nämlich für dich, damit du mehr Zeit hast." Sie hat genau gespürt, dass ich an diesem Morgen gestresst war und hat deshalb entschieden, mir etwas Extrazeit zu verschaffen, indem sie mitaß.

Daher ist es aus meiner Sicht eine gute Idee, bei uns selbst zu beginnen und zu schauen: Wie geht es mir? Was tut mir gut, was nicht? Wenn ich meine Bedürfnisse, Wünsche und Grenzen wahrnehme (1), ernst nehme (2) und für mich ins Handeln komme (3), ist vieles möglich. Drei mögliche Baustellen:

1. Wahrnehmen

Die Extrawurst

Ich wollte mit Kindern der vierten Klasse eine Nachtwanderung machen, dafür liefen wir tagsüber verschiedene Strecken ab, um zu entscheiden, welche wir in der Nacht gehen wollten. Am zweiten Tag kam die Mutter eines Jungen auf mich zu und fragte, ob ihr Sohn heute mit dem Fahrrad mitfahren könne, ihm täten von dem vielen Laufen die Füße weh. „Das zieht mir die Gruppe zu weit auseinander, deshalb will ich es nicht." „Ich muss so dringend auf die Arbeit, können wir nicht eine andere Lösung finden? Vielleicht kann er einen Roller nehmen?" Ich habe tatsächlich erlaubt, dass er mit dem Roller mitkommt, und kurz darauf haben mich Mädchen aus der Gruppe angesprochen: „Wir haben ihn genau beobachtet, er kann ganz normal laufen, und jetzt bekommt er eine Extrawurst." „Ja, ich habe mich da falsch entschieden. Ich wollte der Mutter ermöglichen, loszukommen, und ich wollte auch anfangen, und da habe gar nicht gemerkt, wie wenig es für mich passt."

Manchmal merken wir erst hinterher, durch Gefühle wie Ärger oder Energielosigkeit, wenn wir unsere eigenen Wünsche oder Bedürfnisse nicht wahrgenommen haben.

2. Ernst nehmen

Ich habe eine Freundin, die sehr genau wahrnehmen kann, was für sie passt und was nicht. Ihr fällt es schwer, das Wahrgenommene auch ernst zu nehmen.

Bin ich hier zu pienzig? So schlimm ist das doch nicht. Vielleicht übertreibe ich ja? Ich stelle mich wieder so an. Da muss ich jetzt mal durch ... Für sie ist es eine Herausforderung, das von ihrer Wahrgenommene auch ernst zu nehmen.

3. Handeln

Und ich habe eine Freundin, die sich selbst sehr gut wahrnehmen kann, die sich auch ernst nimmt, doch ihr fällt es schwer, ins Handeln zu kommen, denn das bedeutet oft, einen Konflikt zu haben, und einen Konflikt will sie lieber nicht hervorrufen. *Dann gibt es wieder nur Ärger, ich will keinen Streit, das ist es mir nicht wert ...*

Die Art und Weise, wie wir denken und fühlen, wie wir Situationen beurteilen, wie wir Menschen begegnen, hat einen so weitreichenden Einfluss auf unser Lebensgefühl, der ist eigentlich nicht zu unterschätzen.

Der Kindergeburtstag

Eine Mutter gestaltet den Kindergeburtstag für ihre siebenjährige Tochter und ist am Abend völlig erschöpft. Eine Woche später hilft sie ihrer Schwester den Geburtstag der Nichte mitzugestalten, doch an diesem Abend ist sie weit weniger erschöpft. Erstaunt stellt sie diesen Unterschied fest, hat sie doch eigentlich die gleichen Tätigkeiten gemacht. Als sie so darüber nachdenkt, kommt ihr der Gedanke, dass das Anstrengende am Geburtstag der eigenen Tochter die Angst war, ihre Tochter könne mit dem Ergebnis nicht zufrieden sein, wollte sie ihr doch von Herzen eine schöne Feier bescheren.

Manchmal wiegen unsere Gedanken schwerer als die Tätigkeit an sich. Eine Mutter sagte dazu: *„Ich mache mir so viele Gedanken. Soll meine Tochter (sieben Monate alt) einen Schnuller haben oder nicht? Ist es in Ordnung für ihren Rücken, wenn sie schon im Kinderwagen sitzt, obwohl sie sich noch nicht allein hinsetzen kann? Wäre es gut, jetzt mit dem Abstillen anzufangen? Wenn ich einfach nur mit ihr zusammen sein könnte, ohne diesen Gedankenstress!"* Wie viel Gedankenstress wir uns oft machen, und gerne auch über Probleme, die es noch gar nicht gibt. So dachte ein Vater über seinen dreijährigen Sohn nach, wie es mit seinem Bewegungsdrang werden wird, wenn er in die Schule kommt.

Und manchmal legen wir uns ein Gedankenverbot auf:

Das Abendessen

Ein Vater hatte keine Lust, mit der Familie gemeinsam zu essen, wenn er abends nach Hause kam. Schon allein das Gematsche der Dreijährigen war zu viel für ihn. Seine Frau hatte ihm angeboten, er könne allein im Wohnzimmer essen, das wäre für sie in Ordnung. „Das kann ich doch nicht machen", war sein spontaner Gedanke.

Doch wieso eigentlich nicht? Das Schöne ist doch, dass wir heute frei sind, es so zu gestalten, wie wir das gerne möchten. Wir müssen ja nicht der „Rama Familie" aus der Werbung entsprechen, wo alle gutgelaunt, gutaussehend und fleckenlos mit Begeisterung zusammen frühstücken. Wenn es für die Eltern passt, dass der Vater allein vor dem Fernseher isst, gibt es kein Problem, außer in unseren Gedanken.

Eine Mutter hatte für sich einen guten Weg gefunden, um dem Abendwahnsinn zu entkommen: Sie ließ ihre Kinder auf dem Rückweg vom Spielplatz im Radanhänger zu Abend essen, drückte jedem eine Brezel und Obst in die Hand. Zu Hause angekommen brauchte sie nur noch Zähneputzen, optional Schlafanzüge anziehen, optional vorlesen und die Kinder ins Bett kuscheln. Das hat ihr Leben sehr entspannt.

Eine richtige Familie

Eine Mutter, deren Sohn oft bei uns übernachtete, wollte gerne mal mit mir sprechen, denn sie hätte etwas in unserer Familie bemerkt. Interessiert lauschte ich ihren Worten: Ihr Sohn hätte erzählt, dass wir sonntags nicht gemeinsam frühstückten. „Ja, das ist richtig. Und?" Naja, die Kinder würden sich morgens schon mal allein Frühstück machen, und später würden wir auch nicht zusammen frühstücken, weil mein Mann ja nie da wäre. „Ja, der fährt sonntagmorgens Rad. Und?" „Na ja, in einer richtigen Familie frühstückt man doch sonntags gemeinsam." Auch heute noch muss ich herzhaft lachen, wenn ich an diese Situation denke.

Ich genieße einfach die Freiheit, unsere Familie gemeinsam mit allen Familienmitgliedern so zu gestalten, dass es uns allen guttut. Noch im Bett liegend zu hören, wie die Kinder in der Küche mit Geschirr klappern, tat mir sehr gut. Die frische Morgenluft auf dem Fahrrad zu genießen, tat meinem Mann sehr gut. Und ich gehe mal davon aus, dass die Kinder stolz wie Bolle waren, das Frühstück allein managen zu können.

Viele Menschen haben wenig Erfahrung damit gemacht, selbstwirksam für die eigenen Bedürfnisse und Grenzen Sorge zu tragen, auch weil wir den Satz: *„Was sollen die anderen denken?“* zuweilen tief verinnerlicht haben. Wenn wir Ärger oder Energielosigkeit erleben, ist es lohnenswert zu schauen, wie wir für die eigenen Bedürfnisse und Grenzen sorgen können. Eine wichtige Hinweisgeberin ist auch die Freude. Wenn sie verloren geht, sind wir auf dem falschen Weg.

Tut uns das gut, oder kann das weg? Im einfachen Weglassen liegt ein großes Potenzial. Was wird wichtig gewesen sein, wenn unsere Kinder in zwanzig Jahren ausziehen? Aus dieser Warte heraus betrachtet kann ich mich fragen, wie wichtig ist das, was ich jetzt fordere oder tue? Ist es wichtig, dass das Kind den Schlafanzug angezogen hat? Die Hausaufgaben ordentlich gemacht hat? Haare gewaschen hat? Vieles können wir getrost weglassen, ohne dass es zu ernsthaften Problemen kommt.

Ein Vater fragte: *„Du meinst also, ich könnte es durchaus in Erwägung ziehen, meinem Kind abends nicht mehr vorzulesen? Ich hasse das nämlich, aber Vorlesen ist doch für die Sprachentwicklung wichtig, oder?“* Ja, zweifelsohne ist Vorlesen für die Sprachentwicklung förderlich. Doch viel wichtiger finde ich, dass Kinder erleben, wie man sich selbst ernst nimmt. Wenn ich mich entscheiden müsste zwischen Sprachförderung und Authentizität, würde ich mich für Authentizität entscheiden. Wenn ich vorlese, obwohl ich es nicht mag, spürt das Kind mein Unwohlsein, und es kann sein, dass es dieses Unwohlsein nicht auf die Situation bezieht (Papa liest nicht gerne vor, deshalb ist er genervt.), sondern auf sich: „Der Papa mag *mich* nicht." Vielleicht merkt das Kind auch, dass der Vater sich „opfert", und Kinder hassen es, wenn Eltern sich für sie opfern. Damit bürden wir ihnen eine enorme Last auf: verantwortlich zu sein für unser Glück oder Unglück. Der Vater hat sich dafür entschieden, abends mit seinem Kind lieber noch eine Runde zu toben, so hatten beide Spaß.

Der Moment

Paul, acht Jahre alt, kommt aus der Schule, mit hängenden Schultern. Sein Vater sieht ihn, stellt den Herd aus, schiebt den Nudeltopf beiseite und nimmt ihn in den Arm. Jahre später sagt der Sohn zu seinem Vater, dass er in diesem Moment gefühlt hat, wie wichtig er für seinen Vater ist.

Denn für Kinder ist nicht so wichtig, was wir sagen („Du bist das Wichtigste in meinem Leben!"), sondern sie achten auf unser Verhalten. Alltägliches steht so oft im Vordergrund, und wir laufen Gefahr, das für uns wirklich Wichtige zu verpassen. Unsere Welt ist so schnell und so voll, da kann es hilfreich sein, sich immer neu wieder zu überlegen, ob unsere „Golfbälle" genügend Raum in unserem Leben einnehmen:

Ein Philosophie-Professor füllte Golfbälle in ein großes Glasgefäß und fragte die Studierenden, ob der Topf voll sei. Sie bejahten es. Da schüttete er Kieselsteine in die Leerräume zwischen den Golfbällen. Er fragte wiederum, ob der Topf voll sei. Sie stimmten zu. Schließlich fügte er Sand hinzu, rüttelte, bis alle Ritzen ausgefüllt waren, und fragte ein drittes Mal, ob der Topf nun voll sei. Die Antwort war „ja". Der Professor holte zwei Dosen Bier unter dem Tisch hervor und schüttete den ganzen Inhalt in den Topf. Die Studierenden lachten. „Nun", sagte der Professor, „dieser Topf repräsentiert Ihr Leben. Die Golfbälle sind die wichtigen Dinge: Ihre Familie, Ihre Gesundheit, Ihre Freunde, die leidenschaftlichen Aspekte Ihres Lebens, welche, falls in Ihrem Leben alles verloren ginge und nur noch diese verbleiben würden, Ihr Leben trotzdem noch erfüllend machen würden. Die Kieselsteine symbolisieren die anderen Dinge wie Ihre Arbeit, Ihr Haus, Ihr Auto. Der Sand ist alles andere, die Kleinigkeiten. Falls Sie den Sand zuerst in den Topf geben, hat es weder Platz für die Kieselsteine noch für die Golfbälle. Dasselbe gilt für Ihr Leben. Wenn Sie all Ihre Zeit und Energie in Kleinigkeiten investieren, werden Sie nie Platz haben für die wichtigen Dinge. Achten Sie zuerst auf die Golfbälle. Der Rest ist nur Sand." Einer hob die Hand und wollte wissen, was denn das Bier repräsentieren soll. „Ich bin froh, dass Sie das fragen. Das zeigt ihnen, egal wie schwierig Ihr Leben auch sein mag, es ist immer noch Platz für ein oder zwei Bierchen. "

Ein aus meiner Sicht wichtiger Punkt in dieser Geschichte ist, dass wir selbst auch ein Golfball sind.

Immer auf Achse

Eltern eines zweijährigen Kindes sind zu Besuch bei ihren Freunden, gemeinsam trinken sie Kaffee. Der Va-

ter des Kindes ist ständig auf Achse, denn die Tochter will nicht allein irgendwo hingehen. Der Vater ermöglicht ihr, alles zu erkunden, indem er sie an seiner Hand begleitet, bis der Freund des Vaters sagt: „Jetzt komm doch mal zu uns! Dein Kaffee hat schon Zimmertemperatur.“

Die zentrale Frage dabei ist, ob es für den Vater in Ordnung ist, gemeinsam mit seiner Tochter die Wohnung zu erkunden, vielleicht genießt er die gemeinsame Zeit, oder ob er lieber mit seinem Freund Kaffee getrunken hätte. Oft stehen allein die Kinder im Zentrum, und wir versuchen alles, damit es ihnen gut geht. Dafür zu sorgen, dass es Kindern gut geht, ist wichtig, ohne Zweifel, doch wir sind ganz genau so wichtig. Auch das bedeutet es, eine gleichwürdige Gemeinschaft zu sein.

Die Paarbeziehung/Elternbeziehung

Eine warme, wohltuende Beziehung zu unserem Lebenspartner oder unserer Partnerin ist eine wichtige Quelle für Lebensenergie und Lebenslust. Doch es ist nicht immer so einfach im Alltag, eine solche wärmende Beziehung zu gestalten.

Manche Paarbeziehungen sind frostig, und die Beziehungstemperatur ist unter null, und manche gleichen einem Kriegsgebiet. Es kommt gar nicht so selten vor, dass durch die Ankunft eines Kindes eigene Kindheitswunden berührt und schlummernde Muster geweckt werden, insbesondere, wenn durch die Elternschaft viel Stress entsteht. Dann kann es passieren, dass Eltern sich eher als Feinde wahrnehmen denn als Liebespaar. Es werden böse Blicke und Worte ausgetauscht, auch physische Gewalt findet statt. Paare wollen das nicht und sind oft erstaunt, wie schnell Situationen eskalieren. Eine Mutter meinte, es sei wie beim Geminizauber bei Harry Potter: Ein blödes Wort erzeuge zwei weitere, ein böser Blick ziehe viele weitere nach sich. Im Laufe des Tages hätte man dann einen ganzen Berg von Gemeinheiten zwischen sich, ausgesprochene und unausgesprochene. Das will keiner, doch es findet statt.

Wenn ein Kind permanent eine solche destruktive Beziehung erlebt, ist das sehr anstrengend und zerstörerisch für das Kind. Die Qualität der Elternbeziehung hat so weitreichende Auswirkungen auf das Selbstgefühl des Kindes und auf die Beziehungsmuster, die es später in seinen eigenen Beziehungen leben wird.

Zuweilen erlebe ich, dass Mütter im Alltag gegen ihren Partner kämpfen, weil sie ihr Kind vor den (vermeintlichen) Grenzverletzungen des Vaters schützen wollen. Das ist zwar gut gemeint, aber es stresst das Kind oft in weit größerem Umfang, als es das Verhalten des Vaters getan hätte.

Das Zockverbot

Ein Mann begrüßt seine Frau abends mit den Worten: „David (neun Jahre alt) hat den Rest der Woche Zockverbot. Er hat sich ungefragt das Tablet geschnappt und heimlich gezockt. Als ich ihn darauf angesprochen habe, hat er gelogen und gesagt, du hättest es erlaubt.“ „Ach, und du glaubst, Verbote sind die Lösung, oder was? So sollte ich mal mit dir umgehen, wenn du wieder mal das Tablet nicht aufgeladen hast." „Es ist schließlich mein Tablet, damit kann ich machen, was ich will." „Es ist unser Tablet." „Nein, ich wollte es anschaffen, um Nachrichten zu lesen." „Ja, aber wir haben es gemeinsam bezahlt." Und so geht es noch eine Weile weiter ...

Ich denke, die meisten Eltern kennen solche fruchtlosen Gespräche. Diese Mutter wollte etwas für ihren Sohn erreichen und agiert gleichzeitig gegen den Vater. Doch damit demontiert sie den Vater und bringt ihren Sohn in einen Loyalitätskonflikt. Zu wem soll er halten? Und vermutlich bezieht er diesen Streit auch auf sich, denn wenn er nicht wäre, gäbe es ja kein Problem. Wenn Kinder jeden Tag solchem Streit ausgesetzt sind, ist das sehr belastend.

In Paarbeziehungen finden viele Übertragungen statt, und dann betrachten wir den Partner durch unsere verzerrte „Kinderbrille":

Die gute Aussicht

Ich saß frühmorgens vor unserem Ferienhaus und genoss den Ausblick und die Ruhe. Die Kinder würden mindestens noch zwei Stunden schlafen und ich hätte Zeit, mein Buch zu lesen. Da kam mein Mann um die Ecke, mit Sportmatte und Sport App. Ich wusste, jetzt würde es im Dreißigsekundentakt ein „Piep" geben, und es wäre vorbei mit dieser herrlichen Ruhe. In mir tauchte der Gedanke auf: „Na toll! Was ich will, ist wieder mal nicht wichtig." Rational betrachtet ist das Unsinn. Natürlich ist es ihm wichtig, was ich will, wir teilen unser Leben miteinander. Gerade noch rechtzeitig ist mir aufgefallen, dass ich meine Kinderbrille auf der Nase habe. Wenn ich durch diese Brille schaue, betrachte ich die Welt aus meiner Kindheitsperspektive heraus. Deshalb habe ich sie abgesetzt und freundlich gesagt: „Guten Morgen! Ich will hier gerne in Ruhe sitzen. Könntest du auf die andere Seite des Hauses gehen? " „Ich wollte nur bei dir sein." „Wollen wir in einer Stunde gemeinsam frühstücken?" „Gerne!"

Das ist ein Beispiel, in dem es mir gut gelungen ist, diese Übertragung zu erkennen. Das gelingt mir vermutlich weniger, als mir bewusst ist, und dann ist es nicht so romantisch. In den meisten Beziehungen gibt es hin und wieder Streit und auch heftige Momente. Doch wenn der Grundton der Beziehung destruktiv ist, wäre es eine gute Idee, daran etwas zu verändern, für sich selbst und auch für die Kinder. Wenn ich nicht mehr spüren kann, dass mein Partner oder meine Partnerin ein Golfball ist, wäre es aus meiner Sicht ein guter Zeitpunkt, hinzuschauen.

Manchmal ist das Ergebnis dieser Betrachtung der Entschluss, sich zu trennen. Sind Eltern getrenntlebend, ist eine zentrale Frage, wie es möglich ist, gute Eltern zu bleiben, auch wenn man kein Paar mehr ist. Und viele Eltern finden dabei richtig gute Wege und manchmal auch zu einer ganz neuen Beziehungsqualität. Hilfreiche Anregungen und Gedanken dazu finden sich in dem Buch *„Trennung in Liebe"* von Mathias Voelchert.

Meine Beziehung zum Kind

Ein Vater erzählt über seinen siebenjährigen Sohn, dass er bei jeder kleinen Frustration schreit und tobt.

Manchmal bespuckt er die Eltern oder tritt nach ihnen.

Eine Mutter erzählt über ihre neunjährige Tochter, dass sie bei Dingen, die ihr nicht gut gelingen, leicht in Tränen ausbricht, etwa wenn sie Wörter falsch schreibt, kein Pferd malen kann oder etwas beim Essen verschüttet.

Eltern sagen über ihren achtjährigen Sohn, er würde Dinge vermeiden, die er noch nicht gut kann und sagen: „Ich kann sowieso nichts. Ich bin ein Loser."

Können solche Verhaltensweisen von Kindern etwas mit der Eltern-Kind-Beziehung zu tun haben? Ja, können sie, und es bedarf Mut und Entschlossenheit, sich das anzugucken.

„Wenn ihr Kind bestimmte Symptome oder Verhaltensauffälligkeiten zeigt, liegt das fast immer daran, dass irgendetwas in ihrer Familie nicht so funktioniert, wie es wünschenswert wäre."

Jesper Juul

Zu welchen Überzeugungen kommen Kinder im Zusammensein mit uns? Kinder schauen sich sehr genau an, wie wir zu ihnen stehen. Was hältst du von mir? Wie stehst du zu mir? Bin ich dir willkommen oder eine Last? Und manchmal ziehen Kinder aus unserem Verhalten Schlussfolgerungen wie etwa: Ich erfülle die Erwartungen nicht, ich bin verkehrt, mit mir stimmt was nicht, ich bin nicht wichtig, ich bin dumm oder ich bin eine Belastung.

Ab in dein Zimmer

Beim Abendessen gibt es Streit zwischen den Geschwistern. Der zehnjährige Bruder haut seiner achtjährigen Schwester den Teller auf den Kopf, und sie fängt an zu weinen. Der Vater brüllt ihn an: „Ab in dein Zimmer! Immer das Theater! Ich will in Ruhe essen!"

Manchmal werden Kinder in herausfordernden Situationen weggeschickt. Für uns Erwachsene ist es vielleicht eine kleine Situation, doch für Kinder ist Ausgeschlossensein heftig. Solche Erlebnisse können Kinder zu dem Schluss bringen: *„Wenn ich bin, wie ich nun einmal bin, will mich niemand haben. Ich bin verkehrt."* Nicht unsere Absicht ist entscheidend, sondern das, was beim Kind ankommt. Jesper Juul hat es so in Worte gefasst: „Wie kann ich meine Liebe auf eine Art und Weise zeigen, die von meinem Gegenüber auch als liebevoll erlebt wird?"

„Jetzt mach doch mal! Du kommst sonst wieder zu spät zur Schule. Du musst dein Brot noch einpacken. Jetzt hört mal auf zu streiten! Kann man nicht einmal in Ruhe frühstücken!" Als ich diese Sätze im Elternkurs als Beispiel genommen habe, meinte ein Vater: „Hast du ein Mikrofon bei uns versteckt? Klingt morgens bei uns ganz genauso." „Das hätte auch bei uns sein können", meinten andere Eltern. Ja, ich weiß, denn ich habe ja auch Kinder. Wir haben diese Elternsprache gelernt, weil unsere Eltern so mit uns gesprochen haben, so geht Spracherwerb.

Der Krankenwagen

Auf dem Schulhof einer Grundschule stand ein Krankenwagen, darin lag ein Mädchen und draußen stand eine Lehrerin. Ein anderes Mädchen kommt vorbei und fragt: „Was ist denn passiert?“ Die Lehrerin antwortete: „Das geht dich überhaupt nichts an, kümmere dich um deine eigenen Sachen. Außerdem hast du jetzt hier gar nichts mehr auf dem Schulhof verloren, geh lieber mal nach Hause.“

Die volle Heftigkeit dieser Worte wird klar, wenn wir uns vorstellen, eine Mutter hätte gefragt, und die Lehrerin hätte zu ihr gesagt: *„Das geht sie überhaupt nichts an, kümmern sie sich um ihre eigenen Sachen. Außerdem haben sie nichts auf dem Schulhof verloren, gehen sie lieber mal nach Hause.“* Es ist ja nicht die Absicht der Lehrerin, das Kind zu verletzen, schließlich kommt sie jeden Morgen, um Kinder gut ins Leben hineinzubegleiten. Als ich mit ihr darüber gesprochen habe, meinte sie: „Darüber habe ich noch nie nachgedacht.“

Was schmerzt, was fehlt, was hilft?

Wenn Kinder mit ihrem Verhalten zeigen, es geht mir nicht gut, ist ihre existenzielle Ebene betroffen: ihre Integrität, ihr Selbstgefühl, ihre persönliche Verantwortung. Diese Qualitäten entwickeln sich vor allem im Zusammenspiel in der Familie. Häufig versuchen Erwachsene, eine Veränderung auf der Symptomebene herbeizuführen: beim Sozialverhalten, dem Kooperationswillen oder dem Selbstvertrauen. Das führt lediglich zu Frustrationen bei allen Beteiligten.

Verstärkerpläne & Co.

Eltern einer ersten Klasse fordern, ein Junge (sieben Jahre alt) solle die Klasse verlassen, weil er anderen Kindern vermehrt weh getan hat. Es gibt einen runden Tisch. Dort wird ein Paket geschnürt aus Verstärkerplänen (er soll Smileys sammeln) und Konsequenzen (er darf kein Fußball mehr spielen, bis sich sein Verhalten „bessert"). Ferner soll der Schulsozialarbeiter mit ihm ein „Sozialtraining" machen.

Das zeigt, wie engagiert alle helfen wollen, nur hilft das nicht. Denn diese Maßnahmen zielen alle auf die Symptomebene ab und beschäftigen sich mit der Frage: Wie können wir das laute, nervige Piepen (er haut und tritt) loswerden? Hilfreicher ist es, anzuerkennen, dass sein Verhalten eine kompetente Rückmeldung auf das Angebot der Erwachsenen ist, und zu schauen: Wo in seinem Leben kann das Kind nicht spüren, dass es für uns wertvoll ist? Wo strengt sich das Kind über seine eigenen Grenzen hinaus an, um das Gefühl zu haben, dazuzugehören? Welches Problem löst das Kind für sich mit seinem Verhalten? Wozu verhält das Kind sich auf diese Weise? Wie fühlt sich das Kind in den Beziehungen, in denen es lebt? Dabei geht es um die Frage der Lebenswirklichkeit eines Kindes. Zu welchen Schlussfolgerungen ist es im Zusammenleben mit uns gekommen?

Der Bestimmer

Als ich in eine vierte Klasse kam, um mit ihnen eine Projektwoche zu gestalten, begrüßte mich ein Junge mit den Worten: „Ich habe die Liste abgehakt, es sind alle da, und jeder hat seinen Rucksack mitgebracht." Es wirk-

te auf mich so, als habe er die Verantwortung für die ganze Gruppe übernommen. Auch wenn wir nach einer Rast aufbrechen wollten, trommelte er alle Kinder zusammen wie ein Hütehund und teilte mir mit, wenn alle bereit waren zum Weiterlaufen. Irgendwie hatte ich den Eindruck, dass diese Art der Verantwortungsübernahme für ihn existenziell war, deshalb habe ich ihm ermöglicht, auf diese Weise die Führung mit zu übernehmen. Gleichzeitig habe ich versucht, ihm genügend Freiraum für sein Kindsein zu schaffen: „Ich passe jetzt auf, wenn du mal Pause machen willst, sag Bescheid." „Nein, ich passe gerne auf." Erst am vierten Tag hat er mein Angebot angenommen. Ein halbes Jahr danach habe ich seine Mutter kennengelernt. Wir beide holten unsere Kinder von einem Kindergeburtstag ab. Sie stellte sich dichter zu mir, als es für mich angenehm war. Ich ging ein paar Schritte zurück, doch sie folgte mir. Nach ein paar Versuchen gab ich es auf. Sie sprach mit monotoner Stimme über Fahrradreparaturen, und ich habe versucht, andere Gesprächsthemen zu wählen, doch sie kam immer wieder auf defekte Fahrräder zurück. „Ich interessiere mich nicht wirklich für Fahrradreparaturen." Doch sie änderte das Gesprächsthema nicht. Nach fünfzehn Minuten kam die Geburtstagsgesellschaft von ihrer Wanderung zurück, und da sah ich: Es war seine Mutter. Ich hatte den Gedanken, dass seine Verantwortungsübernahme daraus entstanden ist, als wolle er damit sagen: „Ich sehe, meine Mutter kann die Verantwortung für die Beziehungsqualität nicht übernehmen, deshalb mache ich das."

Kinder haben einen guten Grund für ihr Verhalten. Oft hilft die Frage: Wozu macht ein Kind das? Welches Problem löst das Kind für sich? Dabei ist es auch wichtig, herauszufinden, was ursächlich ist und was die Folgewirkungen sind. Es handelt sich dabei ja um multidimensionale Zusammenhänge. So kann es sein, dass ein Kind gegen die Mutter agiert und damit die Beziehungsgestaltung der Eltern kopiert. Oder wenn ein Kind in der Schule über Tische und Bänke geht, kann sowohl zu Hause etwas los sein, als auch in der Schule.

Über Tische und Bänke

Ein achtjähriger Junge ging laut Lehrerin in der Schule über Tische und Bänke. Die Eltern konnten das nicht verstehen, denn zu Hause sei er absolut „brav". Sie waren der Auffassung, die Lehrerin müsse irgendetwas falsch machen. Ich schaute mir zunächst die Situation im Unterricht an, und es war, wie die Lehrerin es beschrieben hatte. Er ging buchstäblich über Tische und Stühle, warf den Schwamm aus dem Fenster, die Sachen der Lehrerin in den Müll und vieles weitere. Zu Hause war es auch genauso, wie die Eltern es beschrieben hatten. Er kam rein, stellte den Ranzen in das dafür vorgesehene Fach, hing seine Jacke auf und machte den Reißverschluss zu, ging ins Bad und wusch sich die Hände, hängte das Handtuch danach wieder ordentlich auf … in diesem Haus hatte alles seinen Platz. Nach drei Minuten hatte ich ein Unwohlsein und fragte mich, ob ich mich auch „ordentlich" benahm bei diesen vielen Regeln. Weil es für mich anstrengend war, hatte ich den Gedanken, dieser Junge brauche vielleicht seine gesamte Kooperationsbereitschaft zu Hause auf, so als versuche er dort, so gut wie möglich richtig zu sein und seine Eltern zufriedenzustellen. In der Schule lässt er dann vielleicht seinem Druck freien Lauf, als wolle er sagen: „Ich kann hier nicht auch noch perfekt sein.“

Deshalb ist es wichtig, sich die einzelnen Beziehungsebenen anzuschauen, in denen das Kind lebt (zum Vater, zur Mutter, zu anderen nahen Erwachsenen etwa in Kita und Schule, zu anderen Kindern ...), und auch die Beziehungen, die es miterlebt (allen voran die Paarbeziehung, jedoch auch die Stimmung im Klassenraum oder in der Kita ...). Denn all diese Beziehungen wirken auf das Kind, und daraus zieht es seine Schlüsse: Bin ich willkommen oder eine Belastung? Gehöre ich dazu oder störe ich eher? Trauen mir andere etwas zu, oder kann ich sowieso nichts richtig machen? Bin ich hier sicher, oder kann jederzeit etwas Schlimmes passieren? Um ihr Erleben auszudrücken, zeigen Kinder ein vielfältiges Verhalten:

Scheiße an der Wand

Kinder und Lehrkräfte standen im Halbkreis um einen Jungen (zehn Jahre alt) herum, der gerade dabei war Einmalhandschuhe anzuziehen. Ich fragte ein Mädchen, was passiert sei, und sie sagte: „Er hat Scheiße im Klo an die Wand geschmiert, jetzt muss er es wieder weg machen.“ Da bin ich zu ihm gegangen und habe ihn gefragt, ob das stimmt, und er hat genickt. „Gib mir auch mal ein paar von den Handschuhen, ich helfe dir, es wegzumachen.“ Da mischte sich die Direktorin ein und sagte, das habe er sich allein zuzuschreiben, und er solle es auch allein wegmachen. „Ich denke, wenn man in einer so beschissenen Lage ist, ist es gut, man hat jemanden, der einem hilft.“ (Astrid Lindgren schrieb in ihrem Buch „Die Brüder Löwenherz“: „Aber da antwortete mir Jonat-

han, es gäbe Dinge, die man tun müsse, selbst wenn es gefährlich sei. ‚Aber warum bloß?', fragte ich. ‚Weil man sonst kein Mensch ist, sondern nur ein Häuflein Dreck.'" Und manchmal muss man sich eben auch einer wütenden Direktorin in den Weg stellen.) Im Toilettenraum haben wir dann ein „Scheißgespräch" geführt. „Es muss dir ja ziemlich beschissen gehen, wenn du Scheiße an die Wand schmierst." „Ja, es geht mir auch beschissen. Ich habe nämlich einen beschissenen kleinen Scheißbruder." Auf diese Weise haben wir uns unterhalten, und ich habe zu ihm gesagt: „Weißt du, du wirst nicht ewig in dieser Familie leben müssen. Irgendwann bist du groß und kannst ausziehen." „Ja, das mache ich auch. Dann können die mich mal am Arsch lecken."

Aus meiner Sicht ist es wichtig, Kinder – egal in welcher Situationen sie sind – nicht zum Opfer zu machen nach dem Motto: „Du armes Kind!", denn dann pressen wir sie in die Opferrolle und berauben sie ihrer Selbstwirksamkeit. Wenn ich ihnen zutraue, mit widrigen Lebensumständen umzugehen, können sie vielleicht auch an sich selbst glauben.

„Manchmal denke ich, ihr glaubt mehr an mich als ich selbst", sagte der Junge. „Du holst uns schon noch ein", sagte das Pferd. Charlie Mackesy in „Der Junge, der Maulwurf, der Fuchs und das Pferd".

Dabei hat die Heftigkeit des Verhaltens immer auch eine Entsprechung in der Not. Hinter krassem Verhalten steckt eine krasse Not. Und wenn wir den Eindruck haben, ein Kind trägt zu viel, dann ist es sehr wichtig, einzuschreiten und Hilfe zu holen.

Besser tot

Ich verbrachte mit einem neunjährigen Jungen meine Frühstückspause in der Schule. Als ich ihm ein paar Kirschen anbot, sagte er: „Eigentlich brauche ich gar nichts zu essen, denn es wäre sowieso besser, wenn ich tot wäre.“ „Wieso denkst du das?“ „Weiß nicht.“ „Also ich wäre sehr traurig, wenn du tot wärst.“ „Da wärst du auch die einzige.“ „Weißt du, wir brauchen dich hier auf der Welt. Und deshalb würde ich gerne herausfinden, wieso du das denkst und was wir Erwachsenen verändern müssen, damit du dich auf dieser Welt willkommen fühlst.“ Nach einer Pause habe ich ihn gefragt: „Wäre es okay für dich, wenn ich versuche, das mit deinen Eltern herauszufinden?“ „Wenn du willst, mir ist es egal.“ „Okay, danke.“ Die Eltern waren über die Aussage ihres Sohnes erschüttert, und gemeinsam haben wir besprochen, dass es eine gute Idee wäre, familientherapeutische Hilfe in Anspruch zu nehmen. Im Verlauf dieses Prozesses stellte sich heraus, dass der Neunjährige sich schuldig fühlte, weil sein jüngerer Bruder existenziell erkrankt war. Er dachte, er habe ihn so sehr geärgert, und er wäre deshalb krank geworden.

Wenn Kinder äußern, sie wären besser tot, steckt dahinter oft ein tiefes Schuldgefühl, oder sie sind zu dem Schluss gekommen, für die Familie eine Belastung zu sein und dass es besser wäre, sie wären nicht da. Kinder leben in einer eher Ich-zentrierten Welt, und sie beziehen unser Verhalten sehr oft auf sich: Wenn ich nicht da wäre, gäbe es keinen Streit, wäre mein Vater nicht traurig, wäre meine Mutter nicht wütend, hätten meine Eltern nicht so viel Arbeit …

So viel Wäsche

Eltern eines achtjährigen Mädchens suchten Familienberatung, weil das Kind nachts noch einnässte. Die Mutter erzählte von der vielen Wäsche, die sie dadurch hat. Deshalb hatte sie beschlossen, dass ihre Tochter es allein abziehen und waschen muss, damit sie auch sieht, wie viel Arbeit das ist. Das Mädchen machte sich mit ihrem Körper ganz klein und sah aus, als wünschte sie sich, gar nicht hier zu sein. Ich sagte zu ihr: „Dass du nachts noch nicht auf die Toilette gehst, das ist ja bei vielen Kindern so. Das wirst du lernen, passiert ganz von allein, wie Laufen lernen, irgendwann konntest du es einfach, und so wird es auch hier sein." Zu den Eltern habe ich gesagt: „Wie ihr damit umgeht, wenn sie in der Nacht noch nicht zur Toilette geht, das ist für mich hart zu sehen, denn ihr lasst sie ganz allein. Und sie braucht jemanden, der für sie da ist. War deine Mutter für dich da?" Da schimmerten Tränen in den Augen der Mutter.

Die Mutter war so hart mit ihrer Tochter, so hart, wie sie selbst als Mädchen behandelt wurde. Und weil sie diesen Schmerz als Kind wegpacken musste, um ihn auszuhalten, spürt sie den Schmerz ihrer Tochter heute auch nicht. Weggeschlossen ist weggeschlossen. Kinder brauchen eine freundliche, wohlwollende, freudvolle Beziehung zu ihren Eltern. Und das wollen die Eltern ja auch, aber weil so viele in eingeschränkten und zum Teil auch destruktiven Beziehungen aufgewachsen sind, ist das nicht immer so leicht zu gestalten.

Gut gemeint

Der Vater eines achtjährigen Sohnes nimmt sich einmal pro Woche einen Nachmittag frei, um mit seinem Sohn zu lernen. Sie gehen dann gemeinsam den Stoff der Woche durch, und der Vater überlegt sich Übungen dazu. Doch der Sohn hat immer weniger Lust dazu und reagiert zunehmend aggressiv auf das Angebot des Vaters. Schließlich sitzt er über den Übungen und fängt an zu weinen. Unter Tränen sagt er: „Ich kann sowieso nichts. Ich bin ein Loser."

Das gut gemeinte Engagement des Vaters kam bei seinem Sohn als Botschaft an, in seinen Leistungen nicht zu genügen und die Hilfe des Vaters zu brauchen, um in der Schule bestehen zu können. Dabei gab es keine Lernschwierigkeiten. Dass der Vater sich dieser Aufgabe dennoch angenommen hat, lag daran, dass er selbst in der Schule immer sehr darunter gelitten hatte, allein zurechtkommen zu müssen. Das wollte er seinem Sohn ersparen. Es ist eben oft nicht die Absicht, die bei unseren Kindern ankommt.

Fehlende Lebenslust

Eltern eines elfjährigen Sohnes haben das Gefühl, dass ihm die Lebenslust fehlt, denn er wolle gar nichts mehr machen und er würde sagen, sein Leben sei beschissen. Die Mutter schildert, dass er kaum zu motivieren sei, er käme schimpfend aus der Schule und fokussiere sich vor allem auf das Negative. Der Vater sagt, er mache Angebote für gemeinsame Ausflüge, aber auch das wolle der Sohn nicht. Der Elfjährige selbst sagt, dass er die Schule nicht mehr aushalten kann, dort sei es schrecklich. „Unsere Lehrer sind so bescheuert, vor al-

lem die eine Lehrerin. Die kann ich echt nicht ernst nehmen. Da will ich einfach nicht mehr hingehen, das ist reine Zeitverschwendung." „Gibt es irgendetwas, dass dir Freude macht?" „Zocken." „Noch was?" „Anime gucken, aber das darf ich auch nicht".

Ja, Schule schmerzt oft häufiger, als die Verantwortlichen wahrhaben wollen. Manchmal kommt es mir so vor wie in dem Märchen „Des Kaisers neue Kleider". Der Kaiser ist völlig nackt, doch die Kultusministerien und Schulämter tun oft so, als hätte er das beste Gewand an. Dabei bräuchte man den Kindern nur mal zuzuhören und sie ernst nehmen, auch Eltern und Lehrkräfte könnten dazu viel erzählen. Dass Schule anders möglich ist, zeigen so viele Schulen und Lehrkräfte, die neue Wege gehen, jenseits von Konsequenzen und Verstärkerplänen.

Zurück zu dem Elfjährigen, der sein Leben beschissen fand: Weil er das „auch" so betont hatte, „... aber das darf ich *auch* nicht", hatte ich den Eindruck, dass Schule zwar ein Puzzle-Teil ist, jedoch nicht das Kernthema. Deshalb habe ich ihn gefragt, was er denn noch alles nicht darf. „Fertigpizza essen, weil das ist ja soooo ungesund, auch keinen Döner. Ich darf nicht allein mit dem Rad zur Schule fahren, weil viiiiiiel zu gefährlich! Ich darf nicht nach Hause zu meinem Freund, weil wir da suuuuuuper gefährliche Ballerspiele spielen ..." Seine Liste war noch um einiges länger. Der Vater sagte etwas entschuldigend: „Meine Frau hat Angst, diese Dinge könnten schaden." Ja, ich denke alle Eltern kennen solche Sorgen. Doch hier ist die Angst der Mutter wie eine dicke Decke, die sie über ihren Sohn legt. Darunter kriegt er kaum noch Luft. Deshalb ist es aus meiner Sicht wichtig, unsere Ängste zu uns zu nehmen, denn sonst bekommt die Lebensenergie der Kinder zu wenig Luft und erstickt wie ein Feuer, das zu wenig Sauerstoff bekommt.

Die A5

Als mein ältester Sohn ganz frisch seinen Führerschein hatte, packte er seine drei Geschwister ins Auto, um meinen Mann vom Flughafen abzuholen. Ich verabschiedete sie mit den Worten: „Bis später“, doch am liebsten hätte ich sie zu Hause angepflockt. Alle Kinder in einem Auto auf der A5 mit einem Fahranfänger, und es gibt viele sich selbst überschätzende Autofahrer da draußen. Doch diese Angst wollte ich bei mir lassen und sie nicht wie einen Klotz ans Bein der Kinder binden. Ich wollte es zulassen, dass sie hinaus in die Welt gehen und fahren, und schauen, wie ich mit meiner eigenen Angst zurechtkomme. In diesen zwei Stunden legte ich die gesamte Wäsche zusammen, wusch den Kühlschrank aus und räumte den Keller auf. Mein Adrenalin hatte ich in Aktivität umgewandelt, und das war gut für den Haushalt und gut für meine Kinder.

Das Wechselmodell

Getrenntlebende Eltern hatten vereinbart, die Betreuung der Kinder (drei und sieben Jahre alt) zu gleichen Teilen aufzuteilen. Montags und dienstags sowie jedes zweite Wochenende von Freitag bis Sonntag waren die Kinder bei der Mutter, die restlichen Tage beim Vater. Der Siebenjährige wurde zunehmend aggressiv und trat gegen Gegenstände, dann trat er auch die Eltern und seine Schwester. Als die Eltern davon berichteten, saß der Junge daneben und wirkte beschämt. „Weißt du, es ist wie bei einem Hütehund. Wenn der Schäfer schläft und auch seine Schafe, wacht der Hütehund, damit sich kein Fuchs anschleichen kann. Und eines Nachts fing der Hütehund an zu bellen. Der Schäfer wollte ihn beruhigen und sagte ihm, er solle leise sein und sich wieder hinlegen. Doch der Hund bellte immer weiter und immer lauter. Er war nicht zu beruhigen. Da stand der Schäfer schließlich auf und schaute nach, was los war. Und tatsächlich, ein Fuchs war in der Nähe und wollte sich ein Schaf holen. Und so wie bei dem Hütehund ist es auch bei dir. Du hast eine feine Nase und hast wahrgenommen, dass irgendetwas in eurer Familie los ist. Deshalb bist du wütend und trittst deine Eltern oder deine Schwester, das ist wie das Bellen des Hütehundes. Das heißt, deine Wut will etwas Wichtiges sagen und jetzt haben wir Erwachsenen die Aufgabe, herauszufinden, was es sein könnte. Du hast deinen Job also prima erledigt, vielen Dank dafür! Alle sind hier, alle sind wach und wollen herausfinden, was los ist." Der Junge dachte etwas nach und sagte dann: „Ich weiß, was los ist. Ich will nämlich nur noch bei der Mama wohnen. Oder beim Papa. Ist mir egal, Hauptsache irgendwo." „Du meinst, du magst das hin- und herziehen nicht?" „Ja." „Wenn ich mir vorstelle, 104 mal im Jahr zwischen zwei Wohnungen hin und her ziehen zu müssen, würde mich das auch sehr stressen." Die Eltern entschieden, die größere Wohnung zum Wohnsitz der Kinder zu machen, und die Erwachsenen pendelten hin und her. Nach drei Monaten wollten sie schauen, ob es ihrem Sohn besser ging.

Besser, schlechter, gleich: Wenn wir eine Idee haben, was die Ursache sein könnte, ist das natürlich immer nur eine Hypothese. Dann kann man das eigene Verhalten verändern und schauen, was geschieht. Wird es besser, oder verschlimmert es sich? Aus diesen Rückschlüssen können wir schauen, ob wir in die richtige Richtung laufen oder ob es hilfreich ist, neu zu schauen. Wenn wir uns die Lebenswirklichkeit der Kinder anschauen, kann es sein, dass wir etwas für selbstverständlich halten, was uns selbst zu viel wäre.

Manchmal ist auch etwas „im" Kind los:

Ein vierjähriges Mädchen reagiert zunehmend aggressiv, besonders wenn sie im Kindergarten ist. Es scheint sich nichts verändert zu haben, weder zu Hause noch in der Kita. Da das Mädchen sehr laut spricht, folgen die Eltern diesem Hinweis, und es stellt sich heraus, sie hört durch eine Erkältung im vergangenen Winter nur sehr eingeschränkt. Das ist durch die vielen Geräusche und Gespräche in der Kita besonders anstrengend für das Mädchen.

Alle Kinder erleben neben den vielen schönen Momenten gelingender Beziehung auch Verletzungen. Ebenso wie unser Körper ein aufgeschlagenes Knie heilt, ist unsere Psyche auf Heilung ausgelegt. Sonst wären wir alle nach dem Scheitern der ersten großen Liebe erledigt.

Frühkindliches Trauma

Ich habe mit einer Freundin einen Vortrag angehört über frühkindliches Trauma. Der Vortragende erzählte über Kaiserschnitte, Brutkästen und Beschneidungen. Meine Freundin fing daraufhin an, aus tiefstem Herzen zu lachen und meinte: „Dann kannst du meinen Sohn ja total vergessen“, denn er wurde durch einen Kaiserschnitt geboren, lag im Brutkasten und war beschnitten. Sie lachte deshalb so herzhaft, weil wir beide ihren Sohn kennen: Er steht mit beiden Beinen im Leben, und er hat das tiefe Gefühl, herzlich willkommen zu sein auf dieser Welt.

Dieses Beispiel zeigt, wie sehr wir alle auf Heilung ausgelegt sind. Wir sind dafür gemacht, Herausforderungen und auch Schmerzen zu begegnen, sonst wären wir schon längst ausgestorben. Und weil dieser Junge in einem guten Heilungsklima lebt und jeden Tag erfährt, wie sehr sich seine Familie über ihn freut, weil er sich selbst erproben kann und sich mit seinen vielfältigen Fähigkeiten in die Gemeinschaft einbringen kann, sind diese kleinen Verletzung schnell verheilt.

Einschub zum Thema Beschneidung: Beschneidungen sind in Deutschland erlaubt. Auch in Deutschland sind Kinderrechte teilweise nur auf dem Papier gewahrt. Die körperliche Unversehrtheit eines Kindes sollte selbstverständliches Recht von Kindern sein. Die Vorhaut ist eines der empfindlichsten Gewebe am Penis. Ich finde, jeder sollte selbst darüber bestimmen dürfen, was am eigenen Körper abgeschnitten werden soll und was nicht, und die Entfernung kann ja nicht rückgängig gemacht werden. Auch die Gleichbehandlung von Jungen und Mädchen (es dürfen nämlich nur Jungen beschnitten werden) wird nicht gewahrt, Jungs werden auf diese Weise benachteiligt. Der Ethikrat hatte 2012 davon abgeraten, Beschneidungen zu erlauben, doch einige Politiker wollten es Gläubigen recht machen. Sie erlaubten sogar, dass bei Kindern bis sechs Monaten die Beschneidung noch nicht einmal von einem Arzt vorgenommen werden muss. Ich frage mich, warum Kinder durch den Gesetzgeber nicht geschützt werden? Auch hier hilft es kaum, auf eine Veränderung von außen zu hoffen. Was jedoch hilft ist, Eltern diese Tatsachen bewusst zu machen, so dass sie selbst gute Entscheidungen treffen können.

Ich halte es für wichtig, nicht nur zu schauen, was schmerzt oder fehlt, sondern auch zu überlegen, was zu einem guten Klima beiträgt: Was freut, entspannt und nährt alle? Denn wenn wir gute Situationen schaffen, in denen sich alle wohl fühlen, trägt das zu einem guten Entwicklungsklima bei.

Aus diesem Grund finde ich: Eines der wichtigsten Dinge, die Eltern tun sollten, ist, gut für sich selbst zu sorgen. Wenn ich Freude an meinem eigenen Leben habe, wenn ich meine Zeit genieße, dann ist das eine sehr stabile Basis für ein gutes Entwicklungsklima. Wenn Eltern unterversorgt sind, versuchen Kinder das auszugleichen, denn Kinder fühlen sich für das Leben ihrer Eltern verantwortlich. Außerdem sehen Kinder sich oft als Ursache dafür, wenn es ihren Eltern nicht gut geht. Wenn Eltern dagegen Lust auf ihr eigenes Leben haben, entspannen sich Kinder und sind frei, ihrer eigenen Entwicklungspur zu folgen.

Eine Möglichkeit, der Freude zu folgen, ist, uns von den Kindern an die Hand nehmen zu lassen. Sie führen uns direkt dorthin. Wenn ich mich abends gefragt habe, was mir an diesem Tag besonders gutgetan hat, waren das meist die Momente, in denen ich den Alltag beiseitegeschoben und mich auf die Kinder eingelassen habe, auf dieses Quatschmachen, Toben und Lebendigsein. Auch die vermeintlich egoistischen Momente haben sehr dazu beigetragen, etwa wenn ich abends zu müde war, die Kinder ins Bett zu bringen, habe ich ihnen gesagt, sie sollen sich gegenseitig ins Bett bringen, was erstaunlich gut geklappt hatte. Nicht pünktlich, aber gut.

Ich glaube, Eltern geben sich bei der Erziehung oft zu viel Mühe, und deswegen macht es zu viel Mühe. Vielleicht wäre es eine gute Idee, wenn wir uns mehr darauf fokussieren würden, was uns gemeinsam Freude macht, und Fünfe gerade sein zu lassen. Was tut uns gut (davon mehr machen), was tut uns nicht gut (davon weniger machen).

Keine Termine

Eine Mutter geriet jedes Mal in Stress, wenn sie mit ihrer fünfjährigen Tochter das Haus verlassen wollte, um zum Turnen oder in den Musikgarten zu gehen. Ihre Tochter wollte sich nicht anziehen und spielte einfach weiter. Die Mutter probierte aus, was passiert, wenn sie einen Monat lang diese Termine ausfallen lässt. Sie stellte fest, weder sie noch ihre Tochter waren darüber unglücklich, also kündigte sie beides.

Wenn wir Kinder gut begleiten wollen, ist das Vertrauen in sie die wichtigste Ausgangsbasis. *Du willst es gut machen. Du willst dazugehören. Du kommst in Frie-*

den. Wenn wir aus diesem Vertrauen heraus über die Beziehung zu unserem Kind nachdenken, wenn wir versuchen, uns einzufühlen, wie die Lebenswirklichkeit wohl sein mag, beginnt etwas sehr Wertvolles: Wir nehmen abseits vom meist überfrachteten Alltag einen tiefen Kontakt zu unserem Kind auf und lassen uns leiten von unserer elterlichen Intuition. Wie geht es meinem Kind? Ist alles im grünen Bereich, oder vermisst es etwas?

Manchmal hilft auch ein Blick von außen, von Freunden oder Fachleuten, denn man selbst ist zu dicht dran. Wenn man sich die eigene Hand direkt vor die Augen hält, ist diese schwer zu erkennen. Hält man sie nur zehn Zentimeter weiter weg, kann man sie gut erkennen. Und so können Außenstehende manchmal besser erkennen, welche Muster gelebt werden. Alles weitere wird sich daraus ergeben, schließlich sind wir alle sozial kompetent geboren.

Der Beitrag des Dorfes

Manchmal sind Eltern nicht in der Lage, die Not ihres Kindes wahrzunehmen und/oder die notwendigen Veränderungen zu schaffen. Dann ist es hilfreich, wenn andere Erwachsene da sind, um etwas beizutragen, damit es einem Kind besser geht. Dabei sollten Fachkräfte und alle anderen Menschen ihren positiven Einfluss niemals unterschätzen! Freundlicher Kontakt hat einen so weitreichenden Einfluss wie Samenkörner. Wenn wir anderen freundlich begegnen, begegnen sie sich selbst auch etwas freundlicher, denn unsere freundlichen Worte und Blicke fallen in das Herz des anderen und treiben dort die schönsten Blüten. Eine Mutter sagte mal zu mir: „Was mir am meisten geholfen hat ist, dass du an mich geglaubt hast."

Das Zutun des Dorfes kann in der Beziehungsgestaltung zu den Eltern liegen und auch in dem Beziehungsangebot, das wir einem Kind machen.

Beziehungsgestaltung mit Eltern

Wenn ich den Eindruck habe, das Kind hat eine Not, ist es aus meiner Sicht eine gute Idee, Eltern meine Beobachtungen und meine Einschätzung zur Verfügung zu stellen. Ich klopfe dann zart an die Türe der Eltern und schaue, ob sie mich hereinbitten. Vielleicht öffnen sie, vielleicht auch nicht. Wenn Menschen vorsichtig sind, haben sie gute Gründe dafür. Wenn ich immer eine verpasst bekommen habe, bin ich aus verständlichen Gründen ein bisschen vorsichtig, wenn jemand auf mich zukommt, es könnte ja wieder Haue geben. Und es kann sein, dass Menschen sich in ihrer Elternschaft schon zu viel anhören mussten.

Immer was zu meckern

Als Baby schrie ihr Sohn sehr viel, in der Krippe gab es das erste „Problemgespräch", im Kindergarten gab es unzählige weitere Gespräche, in denen der Grundton immer der gleiche war: „Was machen Sie denn zu Hause mit ihm (falsch)?" Der Vater sagte bei einem Gespräch: „Ihr habt immer was zu meckern. Sicher ist es nicht so einfach mit ihm, aber ich habe auch keine Lust, wenn wir immer die Bösen sein sollen.“

Es kommt gar nicht so selten vor, dass Eltern nach solchen „problemorientierten Elterngesprächen“ (den Begriff gibt es wirklich) kleiner herausgehen, als sie gekommen sind. Das finde ich schlimm, für Eltern und Kinder. Dieses Demontieren der Eltern ist Fachkräften oft nicht bewusst, vielmehr haben sie das Gefühl, für das Kind in die Bresche gesprungen zu sein. Doch damit erweisen sie dem Kind einen Bärendienst, denn Eltern sind die wichtigsten Menschen im Leben eines Kindes. Wenn ich Eltern kleiner mache, verlieren auch die Kinder. Auch deshalb halte ich es für sehr sinnvoll, wenn das Hauptanliegen im Kontakt mit Eltern ist, dass diese nach einem Gespräch größer nach Hause gehen, als sie gekommen sind, weil sie sich gesehen und wertgeschätzt fühlen, weil sie mehr von ihren eigenen Ressourcen spüren können, weil sie sich nicht länger allein fühlen mit ihren Herausforderungen und weil sie den Glauben daran mit nach Hause nehmen, dass es gut wird. Eltern haben ja eine ganze Schatzkiste voller Sternchen, und ich glaube, es ist eine gute Idee, wenn wir ihnen diese Sternchen bewusst machen.

Das verrotzte Taschentuch

Eltern kamen mit ihrer fünfzehnjährigen Tochter in die Familienberatung, und der Vater erzählte, seine Tochter würde einfach nicht aufräumen und manchmal sogar verrotzte Taschentücher in ihrem Zimmer horten. Daraufhin sagte die Tochter zu ihm: „Du bist so ein Arschloch!“ Die Eltern schauten erschrocken, wahr-

scheinlich in Sorge, was ich jetzt wohl denken könnte. „Es ist für mich ein gutes Zeichen, wenn es in einer Familie möglich ist, sich so klar zu zeigen, das ist eine stabile Basis, auf der man aufbauen kann. Und wenn ihr wollt, können wir gemeinsam versuchen, herauszufinden, warum du (Vater) deine Tochter bloßgestellt hast und du (Tochter) daraufhin die große Kanone rausgeholt hast. Gute Idee?“

Offen und angstfrei sagen zu können, wenn die eigene Grenze überschritten ist, ist aus meiner Sicht eine gute Familienqualität. Darauf lässt sich stabil aufbauen, um zu schauen was los ist.

Chaos

In einer Familie mit drei Kindern (zwei, fünf und neun Jahre alt) ist viel los: Die Kinder steiten häufig miteinander, es ist sehr laut und wild, es gibt viel Schreierei und Chaos. Wo fängt man da an? Es gibt tausend Dinge, die man sich ansehen könnte. Ich halte es für eine gute Idee, das hellste Sternchen zu nehmen und etwas zu polieren: „Ganz schön viel los bei euch in der Familie. Und wisst ihr, was ich schön finde, was mich sehr berührt bei euch? Ich habe den Eindruck, ihr beide liebt euch noch.“ Das Gesicht der Mutter strahlt, und sie erzählt, dass sie ein Paar sind, seit sie Sechzehn sind.

Ich nehme die größte Ressource als hellstes Sternchen, poliere es etwas und zeige es den Eltern: „Guckt mal, was ihr da Tolles habt.“ Sternchenpolieren ist so wichtig für Familien, weil sie oft viel Scham empfinden, wenn es Probleme gibt. Ich zeige ihnen Dinge, die ihnen bereits gut gelingen, daran können sie anknüpfen. Und es gibt immer so viel, was Eltern so gut gelingt, doch in Not ist ihr Fokus oft nur darauf gerichtet, was noch nicht gelingt.

Dabei ist es wichtig, sich bewusst zu sein: Wir haben nicht „die Wahrheit", sondern können nur einen einzigen Blickwinkel anbieten, und wir brauchen Eltern mehr als sie uns. *Ich* habe ein Anliegen, *ich* möchte ihnen gerne Gedanken anbieten. Und wenn Eltern spüren können, dass ich in Frieden und guter Absicht komme, hören sie vielleicht zu.

Fachleute wollen Eltern respektvoll begegnen, manchmal ist ihnen jedoch nicht bewusst, was es bedeutet, Eltern grundlegend zu respektieren.

Der Vater

Ich ging mit einer Lehrerin über den Schulhof, dort begegnete uns ein Vater. Wir hielten ein kleines Schwätzchen, lachten miteinander, und dann gingen wir weiter. Völlig entsetzt meinte die Lehrerin: „Den magst du? Zur Erinnerung, er schlägt seinen Sohn."

Respekt bedeutet für mich, anzuerkennen, dass jeder Mensch die gleiche Würde hat, auch wenn er sich nicht immer konstruktiv verhält. Kein Mensch verhält sich immer konstruktiv. Sicherlich bin ich nicht einverstanden mit seinem Verhalten, doch das ändert für mich nichts an seinem Wert als Mensch.

Dieses „Du bist mir herzlich willkommen, so wie du bist, mit allem was du vermagst und was nicht" – das ist die Eintrittskarte für ein Begleitung. Wenn ich ihn für sein Verhalten verurteile, wird er das spüren. Er kann ja hören, was ich denke. Bei Verurteilung reagieren die meisten Menschen mit Flucht oder Angriff, beides hatte die Schule schon erlebt. Entweder er ließ Termine verstreichen, ohne abzusagen, oder er beschuldigte die Schule, denn nur dort sei sein Sohn aggressiv. Die Lehrkräfte sagen über den Vater, er sei beratungsresistent, ohne ihr eigenes Zutun zu sehen.

Rückzug

Es gab schon viele Gespräche mit der Familie, weil der Sohn, acht Jahre alt, in Konfliktsituationen mit anderen Kindern zunehmen aggressiv reagierte, und die Eltern fühlten sich in diesen Gesprächen wie auf einer Anklagebank. Sie hatten das Gefühl, schuldig gesprochen zu werden für das Verhalten ihres Kindes. Ein Satz, der dem Vater besonders in Erinnerung geblieben ist, war: „Sie brauchen sich nicht zu wundern, wenn ihr Sohn derart aggressiv ist, das kommt von zu Hause.“ Jetzt vermeiden die Eltern den Kontakt zur Schule, indem sie auf Mails und Anrufe nicht mehr reagieren.

Es geht nicht darum, das Verhalten der Eltern gut zu heißen, es geht darum, ihnen ihr Verhalten nicht vorzuwerfen. Das ist ein großer Unterschied. Der Vater weiß genau, dass ich es als schädlich erachte, wenn er seinen Sohn schlägt. Ich habe im Gespräch mit ihm ein Papier zerknüllt und gesagt: „Das machst du mit deinem Sohn, wenn du ihn schlägst.“ Dann habe ich das Papier wieder auseinandergefaltet und gesagt: „Sieht nicht mehr aus wie vorher. So ist es auch bei deinem Sohn. Wenn du dich hinterher wieder beruhigt hast und vielleicht auch entschuldigt hast, ist er dennoch verletzt." „Aber er muss auch lernen, zu hören, wenn man ihm was sagt." „Wenn du magst, können wir uns anschauen, wie du ihn erziehen kannst, ohne ihn zu schlagen." Es entstand eine Pause, und dann hat er genickt, und wir haben uns gemeinsam auf den Weg gemacht. Ich glaube, der Grund, warum er sich mit mir unterhalten hat, war, weil er genau gespürt hat, dass ich ihn wirklich mag, auch wenn er sich als Vater nicht immer richtig verhält. Kein Vater, keine Mutter tut das, wir alle machen Fehler. Und in diesem Klima kann er es aushalten, zu hören, was ihm vielleicht noch nicht gelingt, und gemeinsam darüber reden, wie ein anderer Weg aussehen könnte.

Unbeirrbar freundlich

Während meines Studiums waren zwei Professoren am Institut verfeindet, was dazu führte, dass auch die Studierenden des jeweils anderen „Lagers" nicht gegrüßt wurden, Sippenhaft eben. Ich akzeptierte diese unausgesprochene Regel nicht und grüßte auch den anderen Professor freundlich, wann immer ich ihm begegnete. Nach einiger Zeit begann er, leicht die Mundwinkel nach oben zu ziehen und deutete ein sanftes Nicken an, bis er schließlich auch mich freundlich grüßte.

Bei diesem Professor fiel es mir leicht, ihm freundlich zu begegnen. Doch auch Menschen freundlich zu begegnen, die sich Kindern gegenüber schädigend verhalten, braucht bei den meisten Erfahrung und Zeit. Vor vielen Jahren holte eine Mutter ihren Sohn aus meiner Forschergruppe ab und sagte zu ihm: „Hast du dich diesmal gut benommen? Oder muss ich mich wieder schämen wegen dir?" Mein spontaner Gedanke war: „Kein Wunder, dass dein Sohn so drauf ist, wenn du ihn so mies behandelst!", voller Verachtung für diese Mutter.

Wie kommt man zu einer anderen, der Mutter gegenüber wertschätzenden Haltung, wenn man das nicht in die Wiege gelegt bekommen hat? Damit habe ich mich sehr beschäftigt, denn ich wusste ja, ich forderte von der Mutter, ihren Sohn anständig zu behandeln, und gleichzeitig war ich selbst nicht in der Lage, diese Mutter anständig zu behandeln. Das Problem dabei ist: Mein Gehirn denkt nicht, was ich *will.* Es denkt, was es eben so denkt. Durch reine Willenskraft kann ich nicht viel ausrichten. Wie kann ich meine Gedanken und Gefühle beeinflussen?

Dieser Frage geht der Neurobiologie Gerhard Roth in seinem Buch „Persönlichkeit, Entscheidung und Verhalten" nach. Eine solche Veränderung gelingt nur über starke emotionale Eindrücke (wie etwa bei einer heißen Herdplatte) oder über sich stetig wiederholende Einwirkungen, steter Tropfen höhlt den Stein. Für diesen Veränderungsprozess ist es hilfreich, sich klare und leuchtende Ziele zu setzen. Welche Werte sollen mich leiten? Wie will ich in solchen Momenten denken, fühlen, handeln? Und so habe ich in meiner Arbeit einige wichtige und klare Grundsätze herausgearbeitet, die mich leiten, wie etwa den Grundsatz: „Respekt oder Abstand".

Die fehlenden Eltern

Wir hatten eine Woche lang ein Theaterstück entwickelt und geprobt, am Freitagnachmittag war die Auf-

führung. Während dieser Woche hatte ein Junge oft davon gesprochen, dass sein Vater zur Aufführung käme und seine Mutter vielleicht auch. Er freute sich darauf, ihnen unser Theaterspiel zu zeigen, und er hatte sich schon eine Begrüßung für das Publikum ausgedacht. Doch die Eltern kamen nicht. Nach einer Viertelstunde habe ich zu ihm gesagt: „Ich glaube, wir sollten jetzt anfangen", und da ging er mit hängenden Schultern auf die Bühne und begrüßte das Publikum. Von seiner Begeisterung war kaum mehr etwas zu spüren. Gegen Ende des Festes kam der Vater, erstaunt darüber, dass die Aufführung schon „gelaufen" sei.

In diesem Moment wollte ich dem Vater nicht begegnen, denn die Enttäuschung des Jungen hat mich gegen den Vater aufgebracht. Deshalb bin ich etwas auf Abstand gegangen und habe nur aus der Ferne gewunken, denn an diesem Abend war ich nicht bereit, mich auch für die Welt des Vaters zu interessieren, und war voller Vorwurf. Eine Freundin hat es mit einer Lojong-Lehre ausgedrückt: „Solange es in dir wühlt, verharre wie ein Klotz." Ich brauchte etwas Zeit, um wieder die Bereitschaft in mir zu spüren, in einen echten Kontakt zu gehen und auch seine Welt sehen zu wollen.

Es startet natürlich damit, das auch zu wollen. Eine Frau sagte über ihren Mann: *„Der kann so blöd sein, dann will ich ihm einfach eins verpassen."* Ja, nicht immer wollen wir, doch dann wird es in diesem Moment auch nichts mit dem Miteinander.

Wenn man sich selbst in einen solchen Veränderungsprozess begibt, wird man vermutlich feststellen, dass dieser Zeit braucht, und gerade, wenn wir uns gestresst fühlen, wird es immer wieder auch zu Entgleisung kommen. Wenn wir die Buchstaben „FEHLER“ umsortieren, dann werden daraus „HELFER“.

Und wenn das Verhalten der Eltern dem Kind schadet? Manchmal haben wir den Eindruck, solange keine Kindeswohlgefährdung vorliegt, können Fachleute nichts tun. Oder doch?

Squid Game

Grundschulkinder spielten auf dem Schulhof Squid Game. Ein Mädchen der dritten Klasse hatte die Serie gesehen und inspirierte die anderen Kinder zu diesem Spiel. Der Lehrer hatte mit den Eltern darüber gesprochen, dass er diese Serie für Achtjährige für schädlich halte, doch die Eltern waren der Auffassung, es schade ihrer Tochter nicht. Sie hätte ältere Geschwister, und so sei das Leben nun einmal.

Und jetzt? Sicherlich ist es nicht immer leicht, auszuhalten, wenn Eltern für ihre Kinder Dinge entscheiden, die man selbst für unverantwortlich und schädlich hält. Auch wenn die Fachleute keinen Einfluss darauf haben, was die Achtjährige zu Hause schaut – das ist schließlich das Hoheitsgebiet der Eltern – so können sie Kindern doch etwas Wichtiges anbieten: nämlich Kontakt.

„Ich habe gesehen, ihr spielt Squid Game.“ „Ja, das, wo man erschossen wird, wenn man sich bewegt.“ „Ich

habe auch die erste Folge geguckt, und mir war das viel zu heftig. Die Angst in den Augen der Menschen, ich konnte danach nicht gut schlafen." „Mir macht das nichts, ich weiß ja, das sind nur Schauspieler." „Das ist ja interessant, wie es bei dir ist. Ich kann das nicht trennen." „Ich schon." „Ich finde es nicht gut, wenn du das schaust, ich glaube, das ist zu grausam." „Ja, aber ich liebe ja grausame Serien."

Vielleicht kann sie nicht spüren, wie heftig diese Eindrücke sind, weil sie zu ihren Geschwistern dazugehören will und verarbeitet das Gesehene jetzt im sicheren Rahmen im Spiel mit den anderen Kindern. Doch das ist ja nur meine Phantasie, und sie spürt genau, ob ich ihr meine Welt zur Verfügung stellen will und mich auch für ihre interessiere, oder ob ich sie von der Richtigkeit meiner Welt überzeugen will. Wir werden nur dann einen guten Kontakt haben, wenn wir uns gleichwürdig begegnen.

Ich denke, Kinder sollten in diesem Alter vor solchen Bildern geschützt werden, doch nicht alle sind dieser Meinung. Und eine eigene Meinung zu haben und ihr Kind nach ihren eigenen Vorstellungen zu erziehen, ist gutes Elternrecht. Es ist ihr Kind.

Auf die Beziehungsgestaltung der Eltern mit ihrem Kind haben Fachleute keinen direkten Einfluss, und das ist auch gut so. Denn wenn Eltern „gute Ratschläge", wie dieses Kind am besten zu erziehen sei, einfach in die Tat umsetzen würden, könnte das niemals authentisch sein. Wenn Eltern ihre Authentizität verlassen, um Ratschlägen zu folgen, verringert sich der

Kontakt mit ihrem Kind, weil die Kinder dann nicht mehr spüren können, wer ihre Eltern wirklich sind. Doch ohne diese Sicherheit können sich Kinder nicht gut entwickeln.

Wenn ich der Auffassung bin, ein Kind ist von Seiten der Eltern nicht gut versorgt, und ich habe den Eindruck, Eltern nicht zu erreichen, habe ich immer noch einen Joker: meine Beziehung zum Kind. Wenn ich also der Meinung bin, das Kind wird zu Hause zu wenig gesehen, kann ich es sehen. Und wenn ich der Meinung bin, das Kind wird zu Hause nicht anständig behandelt, kann ich es anständig behandeln. Auch so erfährt ein Kind freundliche Resonanz, die es für seine Entwicklung gut gebrauchen kann. Auch das sind Samenkörnchen, die keimen werden.

Beziehungsgestaltung mit Kindern

Eine der Spezialfähigkeiten von Kindern ist es, sich im Dorf umzugucken, wenn sie in ihrer Familie unterversorgt sind. Kinder haben diese Fähigkeit evolutiv entwickelt, denn vor gar nicht allzu langer Zeit war es nicht so wahrscheinlich, dass beide Eltern bis zum Selbstständigsein der jungen Erwachsenen überlebten. Was können Dorfbewohner Kindern anbieten?

Gute Situationen schaffen

Ich finde es wichtig, vor allem gute Situationen zu schaffen, damit Kinder sich in diesem Wohlfühlklima entwickeln können. Wenn Menschen sich in angenehmen Beziehungen befinden, können sie sich aus sich selbst heraus entwickeln, auch das meint „sozial kompetent geboren". Wir alle haben die Fähigkeit, uns aus uns selbst heraus zu entwickeln, wenn wir bekommen, was wir brauchen, und dazu gehören vor allem warme, wertschätzende Beziehungen.

Ein Angebot

Ein Mädchen, vier Jahre alt, geht seit fünf Monaten in eine neue Kita. Sie sitzt jeden Tag in der gleichen Ecke auf dem Boden und schaut den anderen beim Spielen zu. Wenn sie zum Mitspielen eingeladen wird, schüttelt sie nur den Kopf. Die Erzieherin fragt: „Darf ich mich zu dir setzen?", und das Mädchen nickt. Die Erzieherin setzt sich und schaut sich ein wenig um: „Ja, hier ist ein guter Platz, um sich alles anzuschauen." Nach einer Weile macht sie dem Mädchen ein Angebot: „Wenn du Lust hast, können wir beide was zusammen basteln oder spielen. Was meinst du?" Das Mädchen schüttelt den Kopf.

Vielleicht braucht das Mädchen Zeit und viele dieser Einladungen, um die angebotene Hand zu nehmen. Sie wird genau spüren, ob die Erzieherin Lust und Interesse hat, Zeit mit ihr zu verbringen. Denn darauf kommt es an, wirklich gerne Zeit mit ihr verbringen zu wollen. Wenn wir gute und angenehme Situationen schaffen, wenn das Kind sich mit uns sicher und willkommen fühlt, wird es vielleicht mit der Zeit Zutrauen haben und unsere Einladung annehmen.

Häufig tauchen dann Gedanken auf wie: „Dafür habe ich keine Zeit!" Doch die große Frage ist: Wofür will ich Zeit haben? Wofür nehme ich mir Zeit? Wenn in meinem Alltag im Zusammensein mit Kindern keinen Raum dafür ist, Kindern eine Hand zu reichen, ist es das, was ich will? Oder gibt es hier etwas zu verändern?

Meiner Erfahrung nach braucht es in der Regel auch nicht mehr Zeit, um Kindern in dieser Weise zu begegnen. Es geht nicht darum, mehr zu machen, es geht darum, etwas Anderes zu machen. Ein warmherziger Blick dauert nicht länger als ein kühler, und eine klare persönliche Botschaft ist oft kürzer als alles, was wir sonst so sagen.

Die Sanduhr

Eine Lehrerin hatte mit einem Jungen der dritten Klasse besprochen, wenn er unruhig würde, solle er sich die Sanduhr nehmen und für zehn Minuten draußen arbeiten. Als die Lehrerin schließlich leise zu ihm sagte: „Komm, schnapp dir die Sanduhr und geh raus", sagte der Junge: „Nein, mache ich nicht." „Doch, das haben wir doch so vereinbart." „Nein." „Du bist so unruhig, und ich will jetzt noch was erklären, dafür brauche ich Ruhe. Geh jetzt bitte raus." „Ich mach es aber nicht." Und so ging es noch eine Weile hin und her.

Diese beiden parallelen Monologe (jeder folgt nur seinem eigenen Gedankenstrang), nehmen recht viel Zeit in Anspruch. Kürzer wäre es gewesen, in einen echten Dialog zu gehen, in dem beide Ideen einen Raum haben: „Ich will, dass du rausgehst, und du willst es nicht. Was können wir machen?" Vielleicht wäre der Junge dann sogar rausgegangen, weil er sich gesehen und ernst genommen gefühlt hätte, vielleicht hätte er auch eine andere gute Idee gehabt, und natürlich kann es sehr gut sein, dass er nicht rausgegangen wäre. Der Vorteil wäre dennoch gewesen, dass niemand verkehrt gewesen wäre. Und so ging es in diesem Beispiel weiter:

Der Junge schnappte sich die Sanduhr, die er so fest umklammerte, dass seine Fingerknöchel ganz weiß wurden, und sagte in wütendem Ton: „Wenn du mich ignorierst, ignoriere ich dich auch.“ Mit diesen Worten verließ er den Klassenraum, um nach zehn Sekunden die Türe aufzureißen und hineinzurufen: „Ich bin ein Zombie!“ Daraufhin knallte die Tür wieder zu, und alle lachten. Zehn Sekunden später kam er wieder rein und sagte mit gekünstelter Stimme: „Guten Tag, ich bin die Frau Schmidtbauer. Habt ihr alle eure Hausaufgaben gemacht?“ Daraufhin knallte er die Türe wieder zu. Er kam viele weitere Male herein, und ein konzentriertes Arbeiten war nicht mehr möglich.

Ich verbringe gerne die Schulpausen mit einzelnen Kindern. Wir machen dann ein kleines Picknick, indem wir unser Essen teilen und ein bisschen plaudern. Es ist wie ein Spaziergang, von dem man noch nicht weiß, wo er hinführt, ohne Ziel oder Agenda, einfach gemeinsam Zeit genießen. Wenn das Kind spüren kann, es ist mir willkommen, dann kann es sich in diesem sicheren Raum entspannen und auch entwickeln, so wie ich auch. Wir brauchen gar nicht so viel zu tun, einfach da sein und die Anwesenheit des Kindes genießen. Denn was Kinder vor allem für ihre Entwicklung brauchen, ist das Gefühl, auf dieser Welt herzlich willkommen zu sein. Und nicht nur ich habe ein Geschenk zu verschenken, das Kind schenkt mir auch etwas. Zu erleben, wenn ein Kind sich auf mich einlässt, ist für mich eines der bezauberndsten Geschenke.

Das Geschenk

Eine Woche lang habe ich mit Grundschulkindern eine Geisterbahn gebaut. Mit einem Mädchen fiel es mir schwer, in Kontakt zu kommen. Wenn ich sie anschaute, schaute sie weg, und wenn ich sie ansprach, blickte sie ebenfalls weg und antwortete nicht. In der Pause sah ich, wie sie mit anderen Kindern lachte und dabei ein ganz offenes Gesicht hatte, doch wenn sie von einer Lehrkraft angesprochen wurde, verschloss sie ihr Gesicht wieder. Meine Vermutung war, sie vertraut Erwachsenen nicht, deshalb habe ich nochmal ganz besonders auf einen sicheren Rahmen geachtet, also auf eine Beziehungsgestaltung meinerseits ohne Kritik, Moral oder Belehrung. Am Ende unseres Projektes, nach dem Geisterbahnbetrieb, verabschiedete ich die Kinder und machte mich selbst auf den Heimweg. Auf dem Schulhof sah ich das Mädchen auf dem Gepäckträger ihrer Schwester sitzen, sie drehte sich zu mir um und winkte mit offenem Gesicht. Was für ein zauberhaftes Geschenk!

Eine gute Herangehensweise ist auch, zu beobachten, in welchen Situationen das Kind entspannt ist, im Spiel, im guten Kontakt mit sich und anderen? Diese Situationen kann ich häufiger anbieten und variieren, um dem Kind gute Momente zu ermöglichen und damit ein gutes Entwicklungsklima schaffen.

Wasser im Keller

Zwei fünfjährige Jungs spielen im Kindergarten Fangen, der eine schubst den anderen, dieser fällt hin und blutet jetzt am Knie. Der Junge, der geschubst hat, lacht: „Haha, der Jurek, der Jurdreck blutet, haha." Solche Situationen treten mehrmals am Tag auf. Die Fachkräfte haben die Vermutung, dass er sich für seine Eltern nicht wirklich wertvoll fühlt, denn täglich erleben sie, wie diese mit ihm umgehen: „Jetzt nerv nicht schon wieder rum! Beile dich mal, ich will heute auch noch mal nach Hause, immer muss ich auf dich warten ... Du bist echt die Pest." In Elterngesprächen haben sie versucht, darauf aufmerksam zu machen, doch es ist ihnen nicht gelungen. Der Vater des Jungen sagte dazu: „Der weiß doch, ich meine das nicht so ..." Deshalb schauen die Fachkräfte jetzt, was sie dazu beitragen können, damit er sich „richtig" fühlt, und es fällt ihnen eine Situation ein. Als der Werkraum mit Regenwasser vollgelaufen war, hat er dem Hausmeister den ganzen Tag geholfen, und da traten solche Situationen, in denen er gegen andere Kinder vorgeht, nicht auf. Sie wollten darüber nachdenken, wie sie mehr von diesen Situationen schaffen können, in denen er sich hilfreich und als wertvolles Mitglied der Gemeinschaft fühlt.

Wenn wir gute Situationen schaffen, ist das oft so wertvoll für Kinder. Wenn sie erleben können, und sei es nur ab und zu, dass sie gesehen werden, in ihrem freundlichen Wesen, das sie von Natur aus mitbringen auf diese Welt, in ihrer guten Absicht, in ihren Fähigkeiten und auch mit ihren Nöten, und wenn wir ihnen einen Rahmen schaffen, in dem sie sich wertvoll und gebraucht fühlen, ist eine solche Erfahrung wie ein Samenkorn, und irgendwann wird es keimen.

Ich denke, jeder und jede hat solche Erfahrungen in der eigenen Kindheit gemacht, wo andere Menschen uns gesehen haben, uns freundlich begegnet sind und uns ein Samenkorn mitgegeben haben. Es ist jetzt wohl an die fünfzig Jahre her, doch an Tante Irma (so sprachen wir Kinder unsere Erzieherinnen damals an) erinnere ich mich noch immer.

Tante Irma

Als ich meinen kleinen Stoffigel im Kindergarten verlor, rannte ich beim Abholen zu meiner Mutter und erzählte ihr weinend davon. Sie sagte: „Was nimmst du ihn auch mit, ich habe dir gleich gesagt, den verlierst du. Aber du kannst ja nie hören." Tante Irma sah mich mit einem Blick an, dessen Wärme ich heute noch spüren kann und sagte: „Ich suche gleich nochmal beim Aufräumen nach deinem Igelchen, vielleicht finde ich es ja."

Wir können Freundlichkeit entwickeln, wenn wir Freundlichkeit erfahren, auch wenn es nicht die eigenen Eltern sind, die diese Freundlichkeit anbieten können. Gerade bei Kindern, deren Eltern, aus welchen guten Gründen auch immer, ihren Kindern einen solchen warmherzigen, nährenden Kontakt nicht anbieten können, machen die Menschen drumherum oft einen wichtigen Unterschied.

Stresshormone abbauen

Wenn Kinder in ihrem Leben herausgefordert sind, haben sie meist ein Überangebot an Stresshormonen im Blut, und das schadet Körper und Psyche. Der Schlüssel, um Stresshormone abzubauen, ist unser Körper. Durch Körperkontakt, Bewegung und Körperwahrnehmung können wir den Spiegel der Stresshormone senken, ebenso durch Worte und Blicke.

Körperkontakt

Das Thema Körperkontakt mit „betreuten" Kindern ist oft ein heikles Thema. Wenn ein Kind auf uns zukommt, sich auf unseren Schoß setzt oder uns umarmt, ist es noch einfach. Wenn wir aus eigener Initiative in den Körperkontakt gehen, einem Kind zum Beispiel eine Hand auf den Arm legen oder uns neben das Kind auf das Sofa setzen, ist es schwieriger. Aus meiner Sicht ist es sehr wichtig, darauf zu achten, ob dieser Kontakt für das Kind angenehm ist, ob es sich anlehnt und einkuschelt oder ob es eine erhöhte Körperspannung hat und etwas zurückweicht. Auf diese feinen und kleinen Signale zu achten, ist wichtig, auch weil viele Kinder in unserer Gesellschaft Opfer sexueller Gewalt werden. Man kann davon ausgehen, dass ein bis zwei Kinder einer Schulklasse davon betroffen sind. Insofern finde ich es angemessen, hier sehr wachsam und sensibel zu beobachten und zu reagieren. Körperkontakt tut gut und baut Stresshormone ab, vorausgesetzt, das Kind empfindet ihn als angenehm.

Es gibt eine Fülle von Spielen, bei denen Kinder untereinander in den Körperkontakt gehen. Auch solche Spiele tun Kindern gut, ebenso sich selbst den Fuß oder die Kopfhaut zu massieren. Besonders schön finden Kinder auch das Linsenbad. Dazu füllt man circa achtzig Kilo Linsen in eine Wanne, und wenn Kinder darin baden, erleben sie wunderbare Tiefenwirkung, bei der sie die Begrenzung ihres Körpers gut spüren und genießen können. Gerne kann man auch eine weiße Bohne darin verschwinden lassen, es dauert relativ lange, bis man sie wieder findet.

Bewegung

Kinder brauchen keine Motivation, um sich zu bewegen, sie brauchen nur den Raum und die Erlaubnis dafür. *„Ihr sollt nicht rennen! Jetzt kommt doch mal runter! Nicht so laut! Nicht so wild! Setzt euch doch mal hin! Habt ihr Hummeln im Hintern?"* Ja, das Ruhebedürfnis von Erwachsenen ist oft ein ganz anderes. Deshalb halte ich es für eine gute Idee, darüber nachzudenken, wie wir dem Bewegungsbedürfnis der Kinder gerecht werden können, das kommt auch uns Erwachsenen zugute. Es ist oft erstaunlich, wie wenig Erwachsene zu tun haben, wenn Kinder etwas zu tun haben. Wenn sie Löcher graben können, Hütten bauen, die Turnhalle umbauen für eine Nerf-Schlacht, ein Essen kochen, ohne die ständige Einmischung durch Erwachsene. Gerade bei der Ganztagsbetreuung ist es wichtig, Kindern ihre Freiheit zu lassen und ihnen freies Spiel und Gestalten zu ermöglichen. Manchmal habe ich auch Lust, einer eigenen Idee zu folgen, dann fragen die Kinder sofort: „Was machst du da?" „Ich baue einen Irrgarten für Ameisen." Das wirkt wie ein Magnet auf Kinder, und meist wollen viele mitgestalten. Für mich ist es eine schöne Idee, eine Schnittmenge zu finden, zwischen dem, was ich machen will, und dem, was die Kinder interessiert. Und das, was in der Schnittmenge liegt, machen wir dann gemeinsam.

Körperwahrnehmung

Viele herausgeforderte Kinder sind „außer sich". Wenn Kinder ihren Körper wahrnehmen und spüren können, kommen sie wieder in Kontakt mit sich selbst. Deshalb sind Angebote für die eigene Körperwahrnehmung hilfreich. „Ich will, dass ihr alle jetzt so leise seid, dass ihr euch selbst atmen hört." Es ist oft erstaunlich, welche Ruhe und Entspannung durch einen solchen Kontakt zu sich selbst entsteht. In dem Buch „Hellwach und ganz bei sich" von Helle Jensen gibt es dazu viele Anregungen. Aus meiner Sicht ist es gut investierte Zeit, gerade auch in Schulen, wenn man den gemeinsamen Tag mit solchen Wahrnehmungsübungen beginnt.

Es gibt Kinder (und Erwachsene), die leichter in Stress geraten als andere. Dafür gibt es viele verschiedene Gründe, schon allein unsere Genetik: Es gibt verschiedene Stress-Allele, die unser Stressregulationssystem voreinstellen von hypersensitiv bis superentspannt. Auch der Pegel an Stresshormonen während der Schwangerschaft und unserer frühen Kindheit hat darauf großen Einfluss. Wenn das Stressregulationssystem von Kindern auf hypersensitiv eingestellt ist, aus welchen Gründen auch immer, ist es aus meiner Sicht eine gute Idee, sie dabei zu begleiten, sich selbst kennen und steuern zu lernen. Woran merke ich, dass ich gestresst bin? Und was kann ich dann tun? Welche Dinge stressen mich, und wie kann ich sie vielleicht vermeiden?

In manchen Klassen bekommen Kinder gegen den Lärm Gehörschutz. Das mag vielleicht für einige Kinder, die sehr lärmsensitiv sind, eine gute Idee sein, um in Arbeitsphasen genügend Ruhe zu haben. Doch wenn ich alle Kinder damit ausstatte, verhindere ich Resonanz. Sie nehmen sich selbst und andere dadurch nicht mehr genügend wahr, und das schränkt ihre Entwicklung ein. Nicht selten wird es dadurch noch lauter, denn auf diese Weise sprechen Kinder lauter, weil sie sich ja selbst leiser hören. Hier wird versucht, das Problem auf der Symptomebene anzugehen, anstatt der Ursache zu begegnen. Wieso ist es hier so laut? Manchmal kann es hilfreich sein, die Nachhallzeit in einem Raum zu überprüfen. Ist diese zu lang, entsteht akustischer Stress, und die Lautstärke schraubt sich nach oben. Und manchmal haben Kinder (und Erwachsene) einfach zu viel Adrenalin im Blut. Auch hier wäre es gut, nicht das laute Piepen des Feuermelders abschalten zu wollen, sondern zu schauen, wo es herkommt und etwas zu unternehmen.

Worte und Blicke

Auch ein freundlicher Blick und anerkennende Worte senken den Spiegel an Stresshormonen. Wenn wir uns gesehen und verstanden fühlen, entspannen und beruhigen wir uns. Es ist schon erstaunlich, wie ein einziger warmer Blick, den ich durch den Raum schicke, etwas bewirken kann.

Keine Stresshormone erzeugen

Auch unsere Art, Beziehungen zu gestalten, kann zur Ausschüttung von Stresshormonen führen. Keiner will das, doch es geschieht gar nicht so selten. Kritik, Belehrung, Moral, Definitionsmacht, Bestrafungen ...

All das führt zur Ausschüttung von Stresshormonen. Joachim Bauer zeigt diesen Zusammenhang in seinem Buch „Schmerzgrenze".

Der Klassenclown

In der Vorstellungsrunde im Rahmen eines Schulprojektes stellt ein neunjähriger Junge sich vor: „Ich bin der Klassenclown. Aber das merkst du dann schon." Während der zehnminütigen Vorstellungsrunde gibt es mehrere Situationen, in denen er Redebeiträge anderer Kinder unterbricht, dabei tut er so, als äße er einen Schuh oder als würde er ersticken. Als eine Mitschülerin genervt zu ihm sagt: „Kannst du nicht endlich mal aufhören mit dem Quatsch!" sagt er: „Das würde ich ja, aber ich weiß nicht, wie es geht."

Es ist unklar, wieso es ihm schwerfällt, den Rahmen und die Regeln einzuhalten, doch eines ist gewiss: Es wäre ihm auch viel lieber, er könnte die Erwartungen der anderen erfüllen, und vermutlich fühlt er sich verkehrt, weil es ihm nicht gelingt. Würden wir auf so eine verletzte, wunde Stelle auch noch Kritik oder Belehrung packen („Jetzt lass die anderen Kinder mal ausreden, setz dich hin, lass das sein, wenn du jetzt nicht aufhörst, dann ..."), ist das oft mehr, als ein herausgefordertes Kind tragen kann. Zuallererst ist es wichtig, ihm ein Gefühl dafür zu geben, willkommen zu sein, egal wie groß sein Paket auch sein mag.

„Ich weiß nicht, wie es geht", ist eine Einladung, und Schule ist ein Lernort. Genau wie Kinder dort Lesen oder Rechnen lernen, lernen sie auch all die anderen Dinge. Und er ist gerade dabei, etwas über sich selbst

zu lernen, und braucht dafür etwas Begleitung. Wozu mache ich das, was ich mache? Wofür ist es gut?

Wir – also er, ich und die anderen Kinder – haben es nicht so recht verstanden, doch durch die Art und Weise, wie wir darüber gesprochen haben, war den Kindern klar, dass wir alle Lernende sind, und jeder lernt eben etwas anderes. Ein Junge meinte: „Vielleicht hat er ja so viele lustige Ideen, dass die alle rauswollen?" Daraufhin meinte der Junge, der sich als Clown bezeichnete: „Ja, das könnte es doch sein." Seine Idee war, dass er am ersten Tag einen Redebeitrag aushalten muss, bis er wieder dran war, am zweiten dann zwei und so weiter. So könne er sich daran gewöhnen. Das hat erstaunlich gut funktioniert, auch wenn es nichts an der Ursache verändert hat. Das Wichtigste war jedoch, dass er nicht länger der war, der nervt, sondern ein Lernender, so wie alle im Klassenraum.

Der Hund Lola

Für einen Tag in der Woche ist der Hund Lola in der Klasse 2A. Auf diesen Tag freuen die Kinder sich ganz besonders. Einem Mädchen fällt es schwer, laut vorzulesen. Sie verhaspelt sich dabei und wirkt gestresst. Als die Lehrerin am Hundekorb vorbeiläuft, kann sie hören, wie dieses Mädchen dem Hund flüssig vorliest. Lola bewertet nicht, und vielleicht kann dieses Mädchen ihr deshalb so gut vorlesen.

Auch unsere eigene Gestimmtheit wirkt auf die Stimmung des Kindes. Wenn wir gestresst sind, schwingen Kinder mit. (Umgekehrt gilt natürlich das gleiche, doch wir sind erwachsen und schon in der Lage, uns allein zu regulieren. Jüngere oder herausgeforderte Kinder sind dazu oft nicht in der Lage.) Deshalb ist es wichtig, unseren eigenen Stresspegel im Blick zu haben und gegebenenfalls erst mal in die eigene Entspannung zu gehen. Dabei war für mich die Arbeit von Regine Herbig sehr hilfreich. In ihrem Buch „Gefühlsregulierung" zeigt sie, wie man autodidaktisch zur Herzkohärenz und damit zur Entspannung gelangen kann. Durch diese Übungen fällt es mir leichter, zu erkennen, wann ich im Stressmodus bin, und ich kann auch in kurzer Zeit meinen Körper wieder beruhigen. Denn es reicht ja nicht, unseren Verstand zu beruhigen, der hat, besonders wenn wir im Stressmodus sind, nicht viel zu sagen. Wenn ein Siebenjähriger uns tritt, wissen wir um seine Not, doch emotional kann es sein, dass wir ihn für einen Berglöwen halten und gegen ihn kämpfen: „Jetzt ist SCHLUSS! Du spielst erst mal kein Fußball mehr!"

Deshalb ist es sowohl für Fachleute selbst als auch für Kinder wichtig, dass Fachleute gut versorgt sind. Es ist das gleiche wie bei Eltern: Wenn die Erwachsenen in Not sind, kann es den Kindern nicht gut gehen. Aus meiner Sicht werden Fachleute mit dieser gesellschaftlichen Herausforderung oft allein gelassen, denn es gibt meist viel zu wenig Begleitung in Form von Fortbildungen und Supervision. Ich habe die Erfahrung gemacht, die Klarheit und Hartnäckigkeit eines Teams seinem Träger gegenüber können oft viel bewirken. In Schulen gibt es meist noch weniger Begleitung. Das Team einer Gesamtschule hatte es so gelöst, dass zwölf Lehrkräfte sich zusammengeschlossen hatten und einmal im Monat eine privatfinanzierte Supervision organisierten. Der hilfreiche Blick von außen ermöglichte neue Handlungsoptionen, und das Gefühl, nicht länger allein mit diesen Herausforderungen zu sein, war für alle hilfreich. When nothing goes right, go left.

Im pädagogischen Gefüge, mit vielfältigen verschiedenen Beziehungen zu Kollegen und Kolleginnen, zu Eltern und Kindern, ist es besonders wichtig, eigenverantwortlich für die eigenen Grenzen und Bedürfnisse einzustehen. Das ist aus meiner Sicht eine der wichtigsten Fähigkeiten, um sich emotional in diesem herausfordernden Arbeitsumfeld gesund zu halten.

Der Ausflug

Eine dritte Klasse wollte einen Ausflug machen. Ein Vater brachte seinen Sohn zum Bus und sagte zur Lehrerin: „Heute Nacht hat er sich übergeben, aber jetzt geht's schon wieder." Die Lehrerin sagte: „Kinder müssen achtundvierzig Stunden frei sein von Erbrechen, Durchfall oder Fieber, erst dann dürfen sie wieder kommen." „Der hat nur was nicht vertragen, vielleicht weil er gestern zu schnell gegessen hat." „Ja, das weiß ich natürlich auch nicht. Und deshalb haben wir diese Regel, damit es keine Ansteckung gibt für den Fall, dass es doch ein Virus ist."

Diese Lehrerin hat gut für sich und ihre eigenen Bedürfnisse gesorgt, und sie hat dem Vater den Versuch, seinem Sohn diesen Ausflug zu ermöglichen, nicht vorgeworfen. In diesem Zusammenhang mag ich die VW-Regel, vom Vorwurf zum Wunsch. Denn manchmal ist in unserem Kopf sofort ein Vorwurf: „Spinnt der? Der kann doch hier nicht sein kotzendes Kind abgeben!" Wenn ich bemerke, dass ein Vorwurf in meinem Kopf herumspukt, kann ich aussteigen und einen Wunsch formulieren, oder wie in diesem Fall eine klare Regel. Auf diese Weise können wir unsere eigene Selbstwirksamkeit leben, und unsere emotionale Belastung sinkt.

Manchmal kommen Stresshormone auch von außen in eine Kindergruppe hinein.

Freies Internet

Ein achtjähriges Mädchen wirkte seit einer Woche verstört, es fing bei jeder Kleinigkeit an zu weinen und konnte nachts nicht mehr schlafen. Es stellte sich heraus, dass sie mit ihrer Freundin, die ein Handy besaß, einen Porno angesehen hatte. Doch weil sie acht Jahre alt war, dachte sie dabei nicht an Sex, sondern glaubte, der Mann habe die schreiende Frau umgebracht. Sie dachte, sie habe einen Mord beobachtet.

Ich bin wirklich der Auffassung, Grundschulkinder sollten keinen freien Zugang zum Internet haben, und deshalb sammle ich, wenn ich die Aufsichtspflicht in einer Grundschule habe, alle Handys ein. Ein Medienpädagoge der Uni Mainz meinte, ich sei doch recht rückständig. Hier gibt es sehr unterschiedliche Einschätzungen.

Ungerecht

„Wieso sammelst du alle Handys ein?" „Weil ich nicht will, dass ihr allein ins Internet geht. Es gibt nämlich

auch viele verstörende Dinge im Internet, und ich will nicht, dass ihr die seht." „Meine Eltern erlauben mir das aber." „Ja, in diesem Punkt sind deine Eltern und ich unterschiedlicher Meinung." „Aber warum erlaubst du es denn nicht?" „Möchtest du gerne wissen, warum ich es nicht erlaube, oder willst du mit mir verhandeln?" In seinem Gesicht war ein leichtes Grinsen zu sehen, und deshalb habe ich gesagt: „Du willst mit mir verhandeln, oder?" „Jaaaaa." „Ich sehe, du würdest gerne dein Handy behalten, und ich erlaube es nicht." „Das ist ungerecht, du darfst dein Handy ja auch behalten." „Ja, es ist ungerecht."

Wenn ich beobachte, was in Kitas und Schulen so los ist, bin ich oft sehr beeindruckt, dass die Fachleute am nächsten Morgen wiederkommen, und das mit so viel Engagement. Es ist so wertvoll, dass ihr für die Kinder da seid, und genauso wichtig ist es, dass es auch euch gut geht!

Ausblick

Die Bedürfnisse von Erwachsenen und Kindern sind sehr ähnlich. Wenn wir das Gefühl haben, herzlich willkommen zu sein, wertvoll zu sein, im freundlichen Kontakt mit uns und anderen, ebenso die Freiheit haben, uns nach unseren Vorstellungen entfalten zu können, dann geht es uns gut und wir sind voller Lebensfreude und Lebensenergie. Dann ruhen wir in dem tiefen Gefühl: Hier ist es gut, und hier bin ich willkommen. Dann atmen wir frei, mit einem Lächeln im Gesicht.

Oft ist unser Leben so beschleunigt und überfrachtet, dass wir gar nicht mitbekommen, wenn unsere Grundstimmungen abrutschen, und wir gewöhnen uns daran, bis wir es schließlich für normal halten, anhaltend gestresst zu sein, energielos, überfordert oder eine permanente, unterschwellige Angst zu empfinden.

Indem Kinder uns zeigen, wie es um sie bestellt ist, machen sie uns ein wertvolles Geschenk, wenn wir den Mut haben, es auszupacken. Wie sieht es in unserem Leben und im Leben der Kinder aus? Geht es uns allen gut? Sind wir voller Lebensfreude und Energie? Es ist sehr kostbar, dieses Leben. Will ich es so verbringen? Ist das das Ziel all meines Strebens?

„Bleiben Sie gelassen! Genießen Sie einander und die Kinder. Eine bessere Erziehung gibt es nicht.“

Jesper Juul

Ich wünsche euch ein schönes Leben!

familylab.de – die familienwerkstatt

www.familylab.de
www.familylab.at
www.familylab.ch

familylab.de – die familienwerkstatt ist eine unabhängige Organisation und die Adresse für Eltern, Lehrer, Mitarbeiter in Unternehmen, die eine solide Basis im Umgang miteinander finden wollen. Für Menschen, die gerne ihre eigenen Werte, im Dialog mit den Erfahrungen von Jesper Juul und familylab bezüglich Familienleben und Kindererziehung, entwickeln wollen.

In der *familienwerkstatt* sind wir Spezialisten darin, Vorträge und Seminare zu gestalten, in denen Eltern und professionelle Fachleute Anregungen und Ideen zu ihrer Arbeit finden können. Und um die bestmögliche Chemie innerhalb der Familie, zwischen Kindern und Erwachsenen, wie auch in Beziehungen innerhalb von Schulen und Betrieben, zu schaffen.

Zum einen haben wir den Wunsch, durch Vorträge, Seminare, Workshops, Symposien, Bücher, Artikel und Filme für Eltern und für Fachleute die psychosoziale Gesundheit und das Wohlergehen der heutigen und zukünftigen Eltern und Kinder zu verbessern. Damit wollen wir die vielen unterschiedlichen Familien darin unterstützen, gesunde Beziehungen zu schaffen, ohne Gewalt und Missbrauch bei Kindern, Jugendlichen und Erwachsenen.

Zum anderen wollen wir durch öffentliche Bildung, Dialoge, Formulierung von Werten und dem Verbreiten von relevanten, wissenschaftlichen Erkenntnisse die Art und Weise beeinflussen, wie Männer und Frauen über ihre Familien denken und sie aufbauen. Ebenso wollen wir die Werte und das Verhalten in Kinderkrippen, Kindergärten und Schulen so beeinflussen, dass eine optimale Umgebung für ein gemeinsames, soziales, emotionales, kreatives und akademisches Lernen entsteht.

Unsere Vision sind Familien, Institutionen und Gesellschaften mit viel weniger Gewalt, Missbrauch, Sucht und Vernachlässigung. Wir wollen allen guten Willen, Liebe und Hingabe mobilisieren, innerhalb von Familien, Organisationen, wie auch in der Gesellschaft als Ganzem.

»Das Schlüsselwort heißt Beziehung. Ihre Qualität entscheidet über unser Wohlbefinden und unsere Entwicklung als Mensch. Kinder werden mit allen wesentlichen menschlichen Qualitäten geboren und haben daher auch dieselbe Verletzlichkeit und Überlebensfähigkeit wie Erwachsene. Eltern zu sein bedeutet, eine Rolle im Leben einzunehmen, die uns vor große Herausforderungen stellt. Das sogenannte Problem oder Symptom ist nicht so wichtig. Wichtig ist die Person, die das Symptom trägt. Wir können das Problem nicht lösen, aber wir können Menschen darin unterstützen, destruktive Systeme, Perspektiven und Verhalten ins Konstruktive zu wandeln.«

Jesper Juul